지역 주민과 정책결정자를 위한

도시재생 학습

지역 주민과 정책결정자를 위한
도시재생 학습

펴낸날 2018년 3월 10일

엮은이 제종길
감수 김정원

펴낸이 조영권
만든이 노인향, 김영하
꾸민이 토가디자인

펴낸곳 자연과생태
주소 서울 마포구 신수로 25-32, 101(구수동)
전화 02) 701-7345~6 **팩스** 02) 701-7347
홈페이지 www.econature.co.kr
등록 제2007-000217호

ISBN : 978-89-97429-88-2 03330

지역 주민과 정책결정자를 위한

도시재생
학습

제종길 엮음
김정원 감수

자연과생태

서문

지구 인구 절반 이상이 도시에 사는 시대에 '우리가 살고 있는 도시는 과연 무엇인가?'라는 생각을 이따금 해 본다. 이런 질문에 대한 대답을 찾아내는 작업이 도시문화사 연구인 것을 최근에 알게 되었다.

마크 기로워드의 저서 『도시와 인간: 중세부터 현대까지 서양도시문화사』를 보면 "인간은 도시를 만들고, 도시는 인간을 만든다"라는 말이 나온다. 즉 사람들이 도시를 만들었지만, 정작 그 도시에 거주하는 사람들은 도시 규모와 특성, 역사와 문화, 환경과 산업 등에 절대적 영향을 받는다는 의미이리라. 또 이 책을 옮긴이는 "도시는 상상력의 보물창고다. 도시는 사람들이 만들어가는 살아 움직이고 변화하는 유기체다. 수세기를 걸쳐 인간이 꿈꾸고 욕망하고 기획하고 실현하고 혹은 좌절하고, 어느 순간에는 갈등하고 어느 순간에는 타협하면서 만들어왔고 만들어가는 공동체가 도시다. 도시는 언제나 이성과 감성, 꿈과 현실, 희망과 절망, 갈등과 타협, 해체와 창조, 전통과 새로운 유행이 혼재된 하나의 소우주였다(민, 2009)"라고 도시를 정의한다. 사실은 이 책 저자가 내린 정의는 이보다 더 긴데 조금 짧게 정리한 것이다. 방대한 책을 탐독하고 내린 생각이어서인지 정의도 단순하지 않다. 그러나 도시 정책결정자 입장에서 보면 이 도시 정의에 적극 동의한다. 바로 도시는 사람들이 만들어 낸 소우주이고, 매우 복잡하게 얽힌 도시 문제를 해결하려면 상상력을 동원할 수밖에 없다고 이해하고 싶다.

세계 여러 도시 가운데에서도 위 정의에 가장 부합하는 곳이 런던이라는 생각이 들었다. 7년쯤 전, 자유인으로서 복잡하고 복합적인 런던을 혼자 여행할 때 이 도시가 연구하고 싶은 대상으로 다가왔다. 자연을 연구하는 생태학자로서 특이한 일이 아닐 수 없지만 도시도 거대한 생태계임을 체감했기 때문이다. 생태계 구성원들은 다양해야 하고 그 다양성이 복잡하게 얽혀 있어야 생태계가 안정되고 회복력도 강해지는 원리가 도시생태계에도 작용해야 한다는 확신도 들었다. 그러다가 2015년 목민관클럽 해외 정책연수[1]에 참여하면서 대도시 런던에 대한 이해도가 더 높아졌다. 연수에서는 스페인의 빌바오를 함께 방문했다. 이 도시들의 재생사업 경험과 정책을 잘 이해하는 것이 도시를 운영하고 재생사업을 하는 데 도움이 되리라는 판단으로 두 차례 더 직원들과 함께 런던을 방문했고, 정책을 학습했다. 한 번은 런던에서 멀지 않은 브리스톨도 방문했다. 이후 런던에서 만났던 일부 전문가들이 안산시를 세 차례 방문해 자문하기도 했다.

안산시는 위와 같은 활동을 통해 일차적으로는 지속가능한 도시재생을 위한 전략을 학습하고, 그 현장에서 진행 과정과 결과를 체

1 2015 목민관클럽 해외 정책연수 결과자료 '영국·스페인 도시재생 및 사회적경제 현장'을 참조함.

험하고자 했다. 즉 주민참여 재생, 문화예술 재생, 산업유산 활용 재생, 역세권 재생 등 다양한 유형의 지속가능한 도시재생 모델 전략과 기법을 견학하고, 실제 재생 현장을 찾아 경험을 공유하려 했다. 더 나아가 도시재생사업이 진행되는 도시들과 네트워크를 구축하고, 도시재생사업과 함께 추진되는 지역사회 기반 사회경제 모델도 찾아보고자 했다.

영국의 도시재생사업은 정부가 관여하지만 일방적으로 주도한 경우는 없는 듯했고, 민간과의 협력 체계가 잘 갖추어져 있었다. 규모가 작은 경우는 사회적기업들이 다양한 형태로 참여해 주택사업을 하고 있었다. 사업 범위도 넓어 직접 마을을 구성하는 경우도 있고 임대주택을 관리하거나 리모델링을 진행하고 있었다. 영국 임대주택은 일종의 복지시스템으로 사회적기업의 참여는 자연·사회·경제적 틀의 확대로 이해되었다.

이러한 경제와 주거 복지 운영 방식은 서부 유럽 국가들의 일반적인 정책이라는 점도 알게 되었다. 예를 들면 네덜란드 사회(임대)주택은 국가나 지방자치단체가 제공하는 공공(임대)주택이라는 개념과 구별된다. 영리 목적인 이른바 시장(임대)주택은 전체 주택 재고의 10%에 불과하다. 도시재생을 비롯한 각종 주택정책과 거버넌스에서 이러한 사회 섹터 혹은 부분의 역할이 매우 크다. 사회주택은 한때 45%가 넘었고, 2016년에도 31%로 약 240만 호에 달한다(최, 2017).

이런 점 때문에 도시재생은 사회적경제와 불가분의 관계였고, 영국에서 간접 경험을 많이 한 것은 도시재생의 근본 취지를 이해하는 데 큰 도움이 되었다. 영국도 마찬가지지만(김 등, 2016), 대부분 도시재생 정책은 환경이나 사회 재생보다 경제 문제에 치우친 경향이 있다. 그러나 경제 재생뿐만 아니라 사회·문화적 지속가능성도 충족하는 1990년대 이후의 도심 생활 촉진은 도시재생 정책에서 중요한 부분이 되었다. 따라서 도시재생 정책의 효과 평가 또한 지속가능성과 관련 있다(김 등, 2016)[2]. 사회적경제는 서민을 따뜻하게 만들고, 도시의 사회·환경·문화적 지속가능성을 담보하는 데에도 기여할 것이다. 따라서 이 책에서는 도시재생을 비롯해 사회적경제와 환경 개선에도 주목했다.

이 책에서는 영국과 스페인 현장에서 만난 사례들을 여과 없이 담고자 했다. 영국 연수를 계획할 때부터 목민관클럽 관계자들에게 책을 엮을 계획이라고 했으며, 자신들의 경험을 나누어 준 영국의 전문가와 공직자에게도 취지에 대한 이해를 구했다. 특히 영국의 많은 문헌(김 등, 2016)이 국내에 소개되었으나 현장의 생생한 목소리는 들을 수 없었기에 현장의 소리를 잘 전하려다 보니 용어와 표현 기법의 통일, 교정, 편집에 많은 시간을 보낼 수밖에 없었다. 차례는

---

2   이 문장을 참고한 원문에서는 다른 저자들의 내용을 인용했음.

방문 시기와 관련 없이 지역별로 정리했고, 소제목을 달아 독자가 해당하는 부분만 선택해 읽을 수 있게 했다. 소제목에는 관련자가 현장에서 궁금해할 만한 단어나 표현을 넣어 지루함을 줄이려 했다.

이 책이 나오기까지 처음부터 자문을 아끼지 않고 멋진 추천사를 써 주신 런던 대학교 석좌교수이자, 건축설계회사 알리스 앤 모리슨(Allies and Morrison)의 디렉터인 피터 비숍(Peter Bishop) 교수를 비롯해 학습을 도와준 전문가들과 공무원들, 이 책에서 소개한 영국 도시재생 학습의 방문 일정을 기획, 진행해 주고 감수까지 맡아 준 영국 사회혁신연구소 스프레드아이(SPREAD-i) 대표 김정원 박사에게 감사한다. 초기 자료를 잘 정리해 준 안산시 김정삼 팀장에게도 고마움을 전하며, 책이 나오기까지 격려를 아끼지 않은 희망제작소의 김제선 소장과 권기태 부소장에게도 감사한다. 이 책에 큰 애정을 가지고 짧은 시간에 책답게 만들어 준 〈자연과생태〉의 조영권 대표와 노인향, 김영하 편집자, 토가디자인 김선태 실장에게도 감사한다. 마지막으로 영국과 스페인을 함께 다니며 학습하고 수많은 토론을 벌였던 목민관클럽 회원 도시의 참가자들과 안산시 직원들의 적지 않은 기여가 있었음을 밝히고 이에 감사한다.

제종길

2018년 3월

절실하게 묻고
가까이서 실천하는 책

『도시재생 학습』은 런던 중심의 도시재생 현장을 조사하고 탐방한 결과물입니다.

저자는 오래된 도시의 영광을 보지만 그 이면의 그림자를 주목합니다. 런던이 부딪힌 문제가 무엇인지, 어떻게 그 문제를 해결하고 있는지 살펴봅니다. 오늘의 정책 성공 사례를 찾아다니며 그 이면에 녹아 있는 역사적 배경과 당사자들의 문제의식을 추적합니다. 성취뿐만 아니라 그것의 한계도 읽어 냅니다. 나아가 과정의 오류가 무엇인지 찾아내려 합니다. 겉핥기 현장탐방이 아니라, 우리에게 주는 '시사점'이 무엇인지 집요하게 묻습니다.

이런 문제의식의 바탕에는 사람 사랑, 안산 사랑이 자리합니다. 개발과 양적성장 위주의 패러다임에서 벗어나 따뜻한 공동체를 만들려는 열망이 있기에 가능한 일이고, 생명과 사람의 가치가 존중받는 안전한 도시를 만들려는 의지가 이런 탐구를 가능케 합니다.

『도시재생 학습』은 오늘날 한국의 도시들이 직면한 문제를 풀어 갈 길을 보여 줍니다. 오래된 도시인 런던이 혁신의 아이콘으로 변모할 수 있었던 힘의 원천을 살펴봅니다. 중앙정부의 권한과 재정이 문제를 해결한 것이 아닙니다. 중앙정부는 재정긴축을 이유로 오히려 지방정부 지원을 감축하고 방임했습니다. 늙어 가는 도시를 새롭게 만들 수 있었던 것은 시민의 자구적 행동과 자치구들의 혁신이 있었기 때문입니다. 시민과 가장 가까운 기초자치단체가 문제 해결의 출발점이라는 것을 보여 줍니다.

재정과 권한이 부족한 지자체가 문제를 해결할 수 있었던 이유는 무엇일까요? 저자는 주민참여, 시민과의 협치가 그 해답이라 말합니다. 지방자치단체의 중요성을 증명한 영국은 분권자치의 제도화, 빅 소사이어티(Big Society)를 이룹니다. 이처럼 『도시재생 학습』은 분권·자치의 필연성과 그 과정을 보여 줍니다. 이를 통해 한국사회 혁신의 길, 변화와 시민 행복을 만들어 갈 방향을 제시합니다. 저자의 역저 『도시 상상 노트』가 도시와 마을의 특성을 기록하고 자연관리, 문화, 산업, 사회, 복지, 관광 정책을 탐색했다면, 이 책은 런던을 중심으로 한 도시재생의 길을 상상하고 만들어 갑니다.

저자는 해양생태학자로 바다와 생태를 삶의 화두로 삼아 왔습니다. 국회의원 시절 지속가능발전기본법이 제출 28일 만에 제정되는 성과를 일군 분이기도 합니다. 이런 성취는 사회적 합의와 협치가 무엇인지 잘 알고 있기에 가능했습니다. 환경오염의 대명사로 불렸던 시화호를 천연기념물과 멸종위기종 등 143종 15만 9,000여 개체가 도래하는 생태계 보고로 복원하기도 했습니다. 현재는 안산 시장으로 세계 최대 규모의 조력발전소와 함께 풍력 등 신재생에너지 메카로 부상하는 대부도를 해양관광의 중심으로 만들어 가고 있습니다. 지역 먹을거리를 키우며 지방분권이 시민 행복의 핵심이라는 것을 전파하는 일에 앞장서고 있습니다.

절실하게 묻지만 가까운 곳에서 실천하는 사람(切問近思), 시민과 함께하는 근본을 바로 세워 살아갈 길을 만들려는 분들(本立道生)께 이 책을 권합니다.

김제선 (재)희망제작소 소장
2018년 3월

Successful cities responding with adaptive strategies, agility and resilience

Over the past 30 years we have seen the end of the cold war, progressive shifts of economic (and political) power to Asia, the development of the Internet and mobile telephony and the realisation that climate change is a global threat. The crash of Lehman Brothers that presaged the global economic crisis and events such as the Greek sovereign debt crisis, the 'Arab Spring' and the emergence of global terrorism have challenged any notion of a stable world. At the urban scale, economic liberalisation, transnational conglomerates, global flows of capital, new and 'smart' technologies and the splintering of political allegiances have fundamentally altered the role of city government. Constant change and uncertainty now prevail and there are few signs that this will diminish in the immediate future.

This confronts city government with a radical set of challenges. New strategies are required for our cities if they are not to fall behind the pace of change. And these strategies need to be constantly reevaluated and renewed. What is trustworthy and works today, may be obsolete by tomorrow. Successful cities are responding with adaptive strategies where agility and resilience are seen as the new hallmarks of stability. City government is redefining itself as strategist, enabler and facilitator. The politics of persuasion are replacing the politics of direction.

Translated into the fields of city planning and urban design, these factors are causing cities to rethink how they plan for the future and the mechanisms through which they can implement change. Where city government is democratically elected there is a growing expectation for debate on future plans and development. Proposals put forward by technical experts or city leaders are unlikely to be accepted without explanation and the right to comment.

The pressing everyday challenge, therefore, is to devise new mechanisms for planning existing cities that are under a constant process of renewal. In this respect, the question is more about how it might be possible to shape, rather than plan cities. In today's fluid world, the major challenges facing cities are encouraging a move away from formal design and planning initiatives towards dynamic open-ended strategies for urban choreography and space management. They are also leading to a reappraisal of traditional approaches to architecture and urban design. Simplistic urban forms will not give rise to rich and diverse cities that will be sustainable centres of innovation and civic life. An over planned and over regulated city is a sterile city. The response will in the future lie less in the physical design of space but in the processes through which it is created, managed and adapted.

Some cities are now experimenting with new organisational frameworks to deliver incremental strategies involving new alliances between political leaders, health and social providers, the private sector, academia and professional bodies. This is leading to a growing emphasis on project implementation, rather than abstract planning. The challenge is to devise new government structures that might nurture and harness these non-traditional incremental and tactical design techniques. One of the upshots in the UK is the experiment with Mayoral government. The rationale for this new breed of mayors in the UK is the need for strategic leadership and problem solving. City Mayors are specifically viewed as agents of change and social and economic renewal. This trend is illustrated by the election of the architect George Fergusson as Mayor of Bristol. Ferguson, an independent, stepped outside the tired party politics and repeated formulas that had dominated city political life and was elected on a specific manifesto to improve the environment and fabric of the city.

Korea went through an intensive period of reconstruction after the war in the 1950s. In the past 15 years there has been a second wave of renewal and a new high rise urban landscape has emerged. The country has invested heavily in its industry and in its infrastructure, Seoul is emerging as a global city and Korea has become a paradigm of rational and efficient planning. But what happens next? How do we create cities that are thriving, interesting and creative places that the most talented people in the world will choose as places to live and work?

Korea is now embracing the concept of the 'smart city' and developing ideas around sustainability and the quality of public space. This is likely to require new thinking about how cities are planned and managed. A smart city is a city that maximises its utilisation of its buildings and infrastructures whilst minimising its use of resources. It is a theatre for innovation and a location of choice for global talent. This requires the integration of strategies for urban design, public space, civic governance, housing and working environments, transportation systems and environmental management. The solutions can not be bought off the peg, but need to be fashioned locally and integrated to local culture and society. A fundamental rethink of urban planning is now required.

City government needs to learn from others and innovate. In this book Mayor JongGil Je sets out his own experience from his visits to the UK and other European countries. He has looked at regeneration projects in London, such as Kings Cross and the London Olympics, and he visited Bristol, where the city has the architect Mayor and learned the unique design concept of the city." and has met with academics and practitioners to study the institutions of government, models of city leadership and urban design theory. In particular he has examined alternative development approaches that can produce environmentally resilient, high value places that are a pleasure to work in, live in and visit.

He is already applying these ideas in his own city of Ansan.

Good urban design reconnects the city with the citizen and

strengthens the connective tissue that binds daily lives together. Difficult questions will need to be answered if we are to avoid costly consequences in the future. The concept of sustainable development will need to be translated into real and tangible design solutions if our towns and cities are to avoid serious future costs. Increasingly the design debate will moved towards innovation in the design of housing, workplaces, public spaces and transport. This book represents an important contribution to the urban debate, a contribution all the more important because it is coming from a city Mayor, a man curious to explore new ideas and with the power to carry them out.

Peter Bishop

march, 2018

Peter Bishop is Professor of Urban Design at The Bartlett School of Architecture, University College London and a director at the London based architectural practice Allies and Morrison. Before these roles he was Director of Design for London, the Mayor of London's architectural design agency.

민첩성, 회복력을 가진 적응 전략이 만들어 내는
성공적인 도시

지난 30년 동안 우리는 냉전의 종말, 아시아에 대한 경제적(정치적) 권력의 점진적 변화, 인터넷과 휴대전화 개발 그리고 세계적인 위협으로 다가온 기후변화를 경험했습니다. 세계 경제 위기를 예고한 리먼 브라더스의 추락과 그리스의 국채 위기, 아랍의 봄과 글로벌 테러리즘의 출현은 안정된 세계라는 기존 개념에 도전하고 있습니다. 도시 규모에서는 경제 자유화, 초국적 대기업, 세계적인 자본의 흐름, 새롭고 스마트한 기술 및 정치적 충성의 분열 등이 도시 정부 역할을 근본적으로 변화시켰습니다. 끊임없는 변화와 불확실성이 만연하고, 이러한 흐름이 가까운 미래에 사라질 조짐은 거의 없습니다.

이러한 현상은 도시 정부를 급진적 도전에 맞닥뜨리게 합니다. 변화 속도에 뒤지지 않으려면 현대 도시들은 새로운 전략이 필요합니다. 그리고 이러한 전략은 지속적으로 재평가되고 재수립되어야 합니다. 현재 신뢰할 수 있고 작동하는 전략이, 내일이면 뒤처진 전략이 될 수 있습니다. 성공적인 도시는 안정성의 새로운 특징으로 여겨지는 민첩성과 회복력을 갖는 적응 전략으로 대응하고 있습니다. 도시

정부는 전략가, 조력자 및 촉진자로 자신의 역할을 새롭게 규정하고 있으며, 설득의 정치가 지휘의 정치를 대체하고 있습니다.

이러한 변화를 도시 계획 및 디자인 분야로 해석해 보면, 도시 미래를 계획하는 방법과 도시 변화를 구현할 수 있는 메커니즘을 다시 생각하게 합니다. 도시 정부가 민주적으로 선출되는 곳에서는 미래의 계획과 개발 관련 토론에 대한 기대가 커지고 있습니다. 기술적인 전문가나 도시 리더가 제시한 미래계획은 상세한 설명이나 정정 의견을 수용하는 권리가 주어지지 않고서는 받아들여지기 힘들 것입니다.

이에 따라 하루하루 직면하는 도시의 긴급한 도전은 지속적인 재생 과정을 경험하는 기존 도시계획에 대한 새로운 메커니즘의 고안을 요구하고 있습니다. 이러한 맥락에서 우리가 던져야 할 질문은 도시를 어떻게 계획할까가 아니라 도시의 모양을 어떻게 만들어 갈 수 있을까입니다. 오늘날 유동적인 세계에서 도시가 당면한 주요 과제는 공식적인 디자인 및 계획의 실행에서 벗어나 도시의 연출 및 공간 관리를 위해 동적으로 변화하는 개방형 전략으로 전환을 장려하는 것입니다. 이러한 변화는 또한 건축과 도시 디자인에 대한 전통적인 접근법을 재평가하는 것으로 이어지고 있습니다. 단순한 도시 형태로는 도시혁신과 지속가능한 시민생활의 중심이 되는 풍부하고 다양한 도시를 창출해 내지 못할 것입니다. 지나치게 계획되고 규제된 도시는 살균된 도시입니다. 미래에 대한 도시의 대응은 공간의 물리적 디자인보다는 도시 공간이 만들어지고, 관리되고, 시간의 흐름에 따라 적용되는 과정에 있습니다.

일부 도시에서는 정치 지도자, 보건 및 사회서비스 제공자, 민간 부문, 학계 및 전문 기관 간의 새로운 협력 관계가 포함된 점진적 전략을 제공하고자 새로운 조직 체계를 실험하고 있습니다. 이러한 실험은 추상적인 계획보다는 프로젝트 실행을 더 강조하는 것으로 이어지고 있습니다. 이러한 비전통적인 방법, 점증적이며 전술적인 도시 디자인 기법을 육성하고 활용할 새로운 정부 구조를 고안하는 것이 도전 과제입니다. 영국에서 새롭게 나타나고 있는 주목할 현상 중 하나는 직선으로 당선된 지방자치단체장이 주도하는 지자체의 실험입니다. 이와 같이 새로운 지방자치단체장 유형이 대안으로 떠오르게 되는 근거는 전략적 리더십과 문제 해결의 필요성입니다. 이들 지방자치단체장 중 시장은 특별히 변화와 사회 및 경제 재생의 중개자로 간주됩니다. 이 추세는 영국 남쪽 브리스톨 시 시장으로 건축가 조지 퍼거슨이 선출되었던 것으로도 알 수 있습니다. 무소속인 그는 피로한 정당 정치와 도시 정치가 생활을 지배하는 반복된 공식에서 벗어나 도시의 환경과 구조를 개선하는 구체적 공약을 제시해 선출되었습니다.

한국은 1950년대 전쟁 이후 집중적인 재건 기간을 거쳤습니다. 지난 15년 동안 도시재생이라는 제2의 물결이 있었고, 고층 건물이 주를 이루는 새로운 도시 경관이 등장했습니다. 산업과 여러 기반시설에 막대한 투자를 했으며, 서울은 세계 도시로 부상했고, 한국은 합리적이고 효율적인 계획의 패러다임이 되었습니다. 그러나 미래의 한국은 어떤 모습일까요? 세계에서 가장 재능 있는 사람들이 거주하며 일할 곳으로 선택할 변화하고 흥미롭고 창조적인 도시일까요?

한국은 이제 스마트 시티의 개념을 수용하고 지속가능성과 공공 공간의 질에 관한 아이디어를 개발하고 있습니다. 이 과정은 도시가 어떻게 계획되고 관리되는지에 대한 새로운 사고를 요구할 것입니다. 스마트 시티는 자원 사용을 최소화하면서 건물과 기반시설의 활용도를 극대화하는 도시입니다. 혁신을 위한 무대이자 세계적인 재능을 발휘할 수 있는 장소입니다. 그러려면 도시 설계, 공공 공간, 시민 거버넌스, 주택 및 작업 환경, 운송 시스템 및 환경 관리의 전략 통합이 필요합니다. 이미 만들어진 기성품과 같은 해결책을 구매할 수 없습니다. 해결책은 현지에서 만들어져야 하며 지역 문화와 사회에 통합되어야 합니다. 도시계획의 근본적인 재고가 필요합니다.

도시 정부는 다른 사례로부터 배우고 혁신해야 합니다. 이 책에서 안산시 제종길 시장은 영국을 비롯한 유럽 국가 방문을 통한 자신의 경험을 정리해 보입니다. 그는 런던 킹스 크로스(Kings Cross)와 런던 올림픽 공원(London Olympics)과 같은 런던의 재생 프로젝트를 살펴본 후 건축가 시장 조지 퍼거슨이 시도하는 브리스톨의 도시재생 사례를 경험했습니다. 그는 또한 정부 기관, 도시 리더십 모델 및 도시설계 이론을 배우고자 방문지에서 학자와 실무자를 함께 만났습니다. 특히 그는 일하고, 거주하며, 방문하는 것이 즐거움인 환경적으로 탄력 있고 가치가 높은 장소를 만들어 내는 대안 개발 접근법을 분석했습니다. 그는 이미 자신이 일하는 도시, 안산에서 이러한 아이디어를 적용하고 있습니다.

좋은 도시 디자인은 도시를 시민과 연결하고, 그들의 일상을 함께 묶어 내는 결합 조직을 강화시킵니다. 우리가 미래에 값비싼 대가를 치루는 것을 피하려면, 어려운 질문들에 답할 필요가 있습니다. 우리의 동네와 도시가 심각한 미래 비용을 피하려면, 지속가능한 개발이라는 개념을 현실적이고 구체적인 디자인 해결안으로 전환해야 합니다. 도시 디자인에 관한 논쟁은 주택, 업무 공간, 공공 공간 및 교통 등의 디자인 혁신으로 점차 옮겨 갈 것입니다. 이 책은 이러한 도시 디자인 논쟁에 중요한 공헌을 합니다. 새로운 아이디어를 탐구하는 것에 호기심이 가득한 사람, 특히 그러한 새로운 아이디어를 직접 실행할 권한을 가진 도시의 시장이 만들어 낸 결과물이기에 이 책은 더욱 중요합니다.

피터 비숍

2018년 3월

피터 비숍(Peter Bishop)은 런던 대학교(University College London) 바틀렛 건축 대학(Bartlett School of Urban Design)의 석좌교수이며, 런던의 건축회사 알리스 앤 모리슨(Allies and Morrison)의 디렉터. 과거 런던 시장 직속 런던 도시 디자인 기관인 '런던을 위한 디자인'의 디렉터를 역임했음.

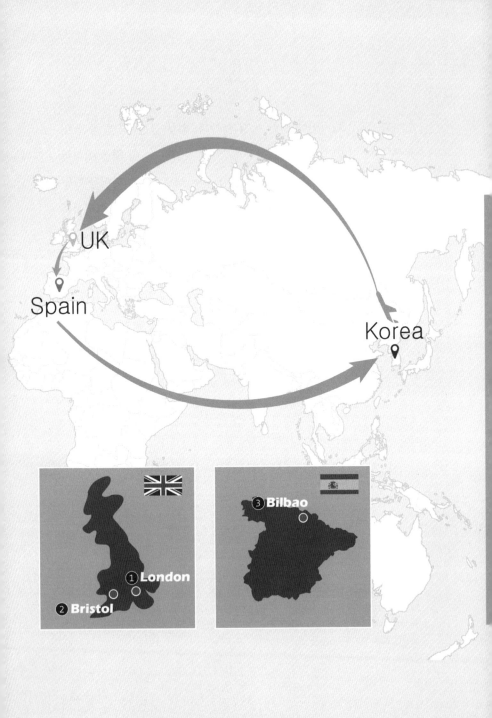

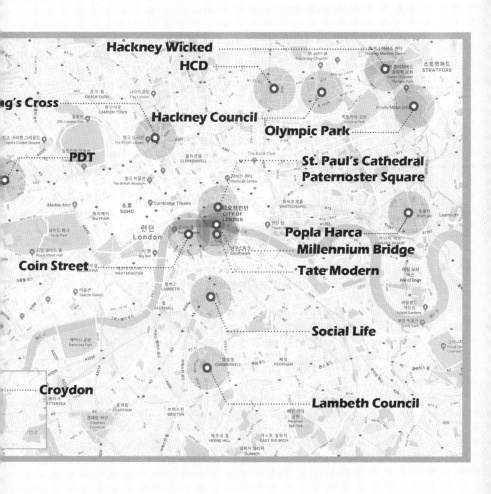

차례

제1장

·

도시재생 학습이
왜 필요한가

도시재생 학습의
필요성

■ 도시재생의 필요성

도시는 경제의 엔진이다. 전 세계 국내총생산 가운데 약 80%가 도시에서 창출되며, 그중 60%는 세계 도시 인구의 5분의 1이 거주하고 생산력도 가장 높은 600개 도시에서 창출된다. 도시 경제활동은 저소득 국가에서는 국민총생산의 55%, 중간 소득 국가에서는 73%, 고소득 국가에서는 85%를 차지한다. 또한 도시는 세계에서 이루어지는 소비의 큰 몫을 차지한다. 에너지 소비의 60~80%, 천연자원 소비의 75% 이상, 탄소 배출의 75%를 차지한다. 한국인 90% 이상이 도시에서 생활한다. 도시가 한국인의 경제, 더 나아가 환경인식과 생활양식을 지배한다 해도 과언이 아니다. 도시가 경제의 엔진이지만, 또한 빈곤의 중심지도 될 수 있다(황 등, 2017). 그러므로 도시를 지속가능하게 관리하는 것은 우리나라에서뿐 아니라 전 세계에서도 가장 중요한 이슈일 수밖에 없다.

유엔도 지구의 안정된 미래를 위해 2030년까지 지속가능한 발전 목표(Sustainable Development Goals) 17개를 정했는데 그 가운데에는 '지속가능한 도시와 지역사회'가 있다. 여기에서 지속가능한 도시란 '현재 또는 미래에 자연을 훼손시키거나 타인의 생활환경을 위협하지 않으면서, 모든 시민이 자신의 필요를 충족하고 삶의 질을 증진시키는 것이 가능한 도시'이며, 지속가능한 지역사회란 사람들이 현재와 미래에 살고 싶고, 일하고 싶어 하는 장소를 말한다(김 등, 2016)[4]. 많은 도시가 이 목표에 부합하고자 다양한 노력을 전개한다.

우리나라는 그동안 진행된 급격한 산업화 및 도시화로 양적 도시 성장에 치중해 왔으나 도시화가 진정되고, 소득 및 삶의 질 향상에 대한 관심과 요구가 커지면서 쇠퇴지역을 질적으로 성장시키고자 하는 도시재생의 필요성이 부각되고 있다. 따라서 도시재생이란 산업구조 변화 및 도시 확장으로 인해 상대적으로 쇠퇴한 도시에 새로운 기능을 도입 또는 창출해 물리·환경·생활·문화적으로 재활성화 또는 부흥시키는 것을 의미한다. 더 나아가 도시경제 회복을 동시에 고려하는 통합적 접근으로 지속가능한 도시발전 모델을 확립해 도시경쟁력을 높여야 한다(대한국토·도시계획학회, 2015).

현재 중앙정부는 최근 인구 감소와 고령화, 경제 저성장, 도시 쇠퇴, 지역경제 침체 등 후기 산업사회 및 신자유주의 경제체제로 발생한 여러 문제에 대응하고자 지속가능한 발전, 도시재생, 사회적

---

4 이 문장을 참고한 원문에서는 다른 저자들의 용어 정의를 인용했음.

경제 등에 주목하고 관련법을 제정하는 등 지원체계를 마련하고 있다. 많은 지방자치단체(지방정부)에서는 거버넌스 확대와 함께 마을 공동체, 사회적경제, 마을복지 등 지역과 시민사회에 기반한 다양한 정책을 추진한다. 풀뿌리 민주주의의 성숙과 주민 자치에 대한 인식과 역량이 질적으로 성숙하고 있는 것도 분권과 도시재생에 대한 동력이 된다.

▥ 도시재생의 정의

「도시재생 활성화 및 지원에 관한 법률」,[5]에서는 도시재생을 "인구감소, 산업구조의 변화, 도시의 무분별한 확장, 주거환경 노후화 등으로 쇠퇴하는 도시를 지역 역량 강화, 새로운 기능 창출 및 지역자원 활용을 통해 경제·사회·물리·환경적으로 활성화시키는 것"으로 정의한다. 이 법은 기존 도시정비법인 「도시 및 주거환경 정비법」으로 시행되는 주택재개발, 재건축, 주거환경 정비사업과 「도시 재정비 촉진을 위한 특별법」으로 시행되는 재정비 촉진사업(뉴타운 사업) 등은 대부분 수도권과 대도시권에서 사업성이 있는 지역의 물리적 정비로만 추진되어 원주민을 재정착시키지 못하는 등 공공을 위한 기반시설 확보와 지역사회 활성화 같은 실질적인 도시재생을 이루지 못해 2013년에 제정된 법률이다(정, 2017).

---

5 이 법률의 제1조 목적은 "도시의 경제·사회·문화적 활력을 위해 공공의 역할과 지원을 강화함으로써 도시의 자생적 성장기반을 확충하고 도시의 경쟁력을 높이며 지역사회를 회복하는 등 국민 삶의 질 향상에 이바지함을 목적으로 한다"라고 명시되어 있음.

영국에서도 도시재생의 의미가 시대에 따라 바뀌었다. 1960년대에는 공공이 주도하는 대규모 재개발(urban renewal), 1980년대에는 민간 부분의 투자를 유도할 목적으로 경제성장과 토지개발에 초점을 둔 도시재생(urban regeneration)이었으나 최근에는 공공 부분과 민간 부분이 결합한 형태를 취한다. 1990년대 후반과 2000년대 초반 신노동당 정부에서는 이 용어를 도시 르네상스(urban renaissance)로 바꾸어 쓰기도 했다(김 등, 2016). 도시재개발은 주로 공공기관이 주관해 악화된 도시환경을 개선하려는 계획 사업으로 노후한 시가지를 현대 도시에 맞게 개선해 도시 기능을 더욱 효과적으로 발휘할 수 있도록 하는 사업이다(이, 2009).

그러나 이(2008)는 도시재생을 "근대 도시계획이 지닌 비인간적, 몰개성적, 기능주의적 도시 만들기에 대항해 지역성과 장소성에 부응해 다양한 주체의 참여와 창의성을 살리면서 도시경관을 바꾸고, 능동적인 프로그램에 따라 점진적으로 도시경관과 공간을 창출하며, 도시의 다양성과 복합성에 초점을 맞춰 도시 공간의 역사·문화적 매력을 회복하는 것"으로 정의했다.

■ 도시재생 학습이 필요한 이유

도시재생 정의 변화에 따라 국제적으로 재생사업이 도시의 중심 사업이 되는 상황에서 2017년 탄생한 우리나라 새 정부도 도시재생사업을 주요 국정과제로 삼았고(국정기획자문위원회, 2017), 전국 모든 도시가 도시재생사업에 나서고 있다. 이러한 시기에 도시재생 사례를 학습할 적지는 유럽이다. 새롭고 다양한 도시정책이 미국보다 먼저 계발되며, 경제·정치·지리적 상황이 다양해 더 많은 프로그램을 구상할 수 있기 때문이다(이, 2017). 그중에서도 런던은 학습 효과를 극대화할 수 있는 곳이다. 1940년대 이후 영국 중앙정부의 도시정책은 명확한 목표 부족, 과도한 통제, 조율 미흡과 비일관성, 일차원적인 추진, 고립된 단위로 근린지역 다루기, 공동체 역량에 대한 인식 부족 같은 문제를 안고 있었다. 그러다 20세기 중반 이후부터 극적으로 변화(대체로 좋은 방향으로)하기 시작했다. 탈산업주의, 세계화, 불평등 감소, 사회·문화적 다양성 증대, 새로운 도시 거버넌스 탄생, 새로운 도시 공간 출현이라는 여섯 가지 주요 과정이 있었기 때문이다(김 등, 2016).

그러므로 실질적인 도시재생사업 경험이 부족한 국내 도시가 우리보다 앞서 많은 실패를 경험한 유럽 도시를 사전 학습하는 것이 중요하다. 유럽의 실패를 통해 재생사업은 정부나 공공 분야가 일방적으로 주도하기보다는 민간 분야와 협력하고 논의해 합의를 거치는 일이라는 점을 배워야 한다. 사회적기업이 적극적으로 참여해 제도적 장치를 마련해야 한다는 부분도 학습을 통해 해결할 수 있다.

제2장

·

도시재생사업
배경

영국 시민사회 시작과
사회적경제 발전

■ 사회적경제의 역사적 배경[6]

영국에는 유럽식 사회민주주의와 미국식 자유민주주의 방식이 뒤섞여 있다. 오늘날 영국의 사회적경제를 이해하려면 영국 근현대사를 알 필요가 있다. 영국 근현대사에서 정권이 바뀔 때 앞에 내세운 중앙정부의 정치 철학과 그에 따른 주요 정책의 큰 변화는 무엇인지, 정부의 파트너로서 시민사회는 사회 문제 해결에 어떤 역할을 해 왔는지를 이해한다면, 이상에 영향받은 현재 영국 사회적경제의 성과와 이런 성과의 배경을 올바로 파악할 수 있다.

넬슨 제독이 프랑스와 스페인 해군에 맞선 트라팔가르 해전 승리 이후, 빅토리아 여왕 시대를 거치면서 영국은 해가 지지 않는 나

6　김정원(스프레드아이 대표) 강연, 2015. 8.

라로 불리던 시기가 있었다. 영국 사람들이 자랑스러워하는 시기로, 막강한 해군력을 바탕으로 다른 나라를 식민지로 삼아 엄청난 국부를 보유하게 되었다. 산업혁명이 시작되고 제임스 와트가 증기기관을 발명한 때였다. 세계 최초로 자본주의가 공고하게 자리 잡기 시작하는 한편 빈부 격차가 극심해진 시기이기도 했다. 특히 도시 공장에서 일하는 노동자들의 생활 수준은 열악했다. 그러나 당시 영국 왕정은 서민들에게 큰 관심이 없었다. 왕은 왕가의 부를 늘리는 것과 식민지 점령 모험에 자금을 지원해 주는 귀족들과 어떻게 공생할지에만 관심이 있었다.

정부에서 아무것도 해 주지 않았기에 빈자들, 특시 도시 빈민 문제를 해결하고자 종교 단체를 중심으로 한 시민조직이 결성되고 활발한 도시 빈민 구호 활동이 시작되었다. 시민사회 활동 중 중요한 의미를 둘 수 있는 첫 번째 성과는 노예제도를 반대하는 캠페인을 벌여 관철한 것이다. 이 무렵 상인 가운데 돈을 많이 모은 부르주아 계층은, 특히 자신의 공장에서 일하는 노동자들이 질병으로 생산성이 낮아지자 자기 돈을 출연해 자선재단을 만들었다. 이때 생겨난 자선재단은 빈곤한 사람들에게 도움을 줄 뿐만 아니라 수영장, 도서관처럼 시민을 위한 공공서비스를 제공하기 시작했다. 처음으로 서민 계층을 위한 교육과 복지 서비스가 필요하다는 인식이 생긴 시점이다. 적십자(Red Cross), 세이브 더 칠드런(Save the Children) 같은 유명 구호단체도 이때 처음 설립되어 현재도 활발히 활동 중이다. 영국 정부는 정부가 못하는 일을 시민단체가 잘할 수 있다 판단해, 최초로 적십자와 공식적인 파트너십을 맺고 시민단체를 지원했다. 이 무렵에 뮤추얼이라고 하는 상호조합도 생겼고, 당시에는 성공하지 못했지만 모든 국민에게 투표권을 부여하자는 차티스트 운동도 시작되었다. 차티스트 운동은 계속 이어져 1918년에는 모든 성인 남성과 30세 이상 여성이 투표권을 갖게 되었다. 이처럼 이 시대를 이해하는 중요한 관점 가운데 하나는 정부가 해결하지 못하는 사회 문제를 해결하고자 협동조합, 자선단체, 비영리 시민단체 같은 시민사회 활동이 활발해지기 시작했다는 점이다. 빈민 구호 활동에 자원봉사자로 나서는 여성들의 활약이 컸다.

1945년 2차 세계대전이 끝나고 현대국가 모습을 갖추려는 시기에 처칠 수상은 전쟁에서 이기고도 전후 바로 시작된 선거에서는 패해 노동당에 정권을 넘겨주었다. 전쟁 승리에 관계없이 전후 복구 설계에 대한 영국 국민의 선택은 복지국가 건설이라는 노동당의 공약이었다. 지금 영국의 복지서비스 가운데 하나인 무상의료가 처음 시작된 것도 이때였다. 어떻게 복지국가를 만들어 나갈지에 대한 기본계획이 만들어졌고, 사회적으로도 복지국가를 만들자는 국민 합의가 있었던 셈이다.

노동당 정부는 국세로 무상 교육, 주택, 의료 서비스를 국민에게 제공했다. 1979년까지 집권했던 노동당과 보수당 정부 모두 이 기조를 이어갔다. 정부에서 복지서비스를 제공하자 시민사회의 활동 범위가 줄어들었다. 그러다 1979년 보수당인 마가렛 대처가 수상이 되고 18년 동안 보수당이 장기집권하게 되자 여러 시민사회 활동이 위축되었다. 시민사회와의 파트너십을 믿지 않는 마가렛 대처는 시민사회 역할을 인정하지 않고 정부 지원도 대폭 중단했다. 전쟁이 끝난 직후에는 노동조합의 힘이 많이 커졌으나 대처가 수상이 되면서 노동쟁의도 불법으로 규정했다. 노동쟁의에 경찰이 투입되었고, 노조 없애기, 공기업 민영화, 복지예산 없애기 같은 정책이 집행되자 다시 시민사회가 해야 할 일이 많아졌다.

이 시기 마가렛 대처의 신자유주의 정책으로 기간산업들이 민영화되었으나, 그 결과는 경쟁력 기반의 효율보다는 오히려 극심한 공공서비스 가격 폭등이라는 결과를 초래했다. 한 예로 기차를 모두 민영화하면서 노선별 운영권을 각각의 민간회사에 매각해, 노선별로 독점 민간회사가 서비스를 제공해 오히려 서비스는 좋아지지 않으면서 요금만 많이 올랐다. 시민은 보수당의 시장주의 방식에 지쳐갔다. 그 결과 보수당 집권 18년만인 1997년, 토니 블레어의 노동당이 '제3의 길'이란 캐치프레이즈를 내세우며 당선되었다.

■ 사회적경제의 정부 지원

토니 블레어가 집권한 노동당은 2002년 전략적으로 사회적기업을 지원하는 정책을 개발했다. 그 이후 줄곧 노동당이 집권하다가 2016년에 다시 보수당이 승리했지만, 사회적기업과 시민사회가 정부와 파트너십을 이루어 공공서비스를 제공하는 신노동당의 정책 기조는 크게 변하지 않았다. 영국은 공식적으로 연방국가이므로 분권화는 영국을 들여다보는 데 필요한 주요 키워드이다. 2011년 지역주권법(Localism Act)[7]이 통과되었고, 이 법안은 지역공동체 도전 권한을 포함해 사회적기업에게 공공서비스를 제공할 권한을 부여한다. 즉 공공서비스를 제공하는 구청이 서비스 제공 업체를 선정할 때 사회적기업이 입찰에 지원하면 그 기업을 꼭 심사대상에 포함해야 하는 것이 주요 내용이다. 사회적기업을 지목해서 특별 지원하는 것은 아니지만, 경험 부족 등으로 서류 심사에서 탈락되어 심사 대상의 기회를 갖지 못하는 경우를 방지하는 법령이다. 뿐만 아니라 이 법령에는 지역공동체 입찰 권한, 커뮤니티 근린지역 계획 권한, 지역공동체 자산개발권, 지역공동체 유휴지 사용 신청권 등을 포함하고 있다. 이러한 지역 공동체의 권한을 보장하고자 지자체와 같은 공공기관의 역할을 지역 공동체가 주도적으로 진행하는 지역 사업 수행의 조력자 및 조율자로 전환하라고 주문하고 있다. 예를 들어 커뮤니티 자산개발권은 부동산 자체를 지역사회가 공동으로 개발할 수 있도록 지원하는 것이 목적으로 지역사회가 중심이 되어 부동산을 소유할 수있는 권한을 준다. 지역사회 자산이 된 부동산은 주인 마음대로 팔수 없고, 그 자산을 활용하는 지역사회에 매입 우선권을 주어 지역사회가 자산을 매입하고 공동 소유해 자산을 지역사회를 위해 지속적으로 활용할 수 있도록 돕는다. 뿐만 아니라 2012년 영국에서는 사회적경제를 지원하는 법령으로 사회적가치법(Social Value Act)이 제정되었다. 사회적가치법은 공공 조달 사업에 응모한 기업이 사회적으로 가치 있는 요소를 보유하고 있을 때 가산점을 줌으로써 단순 저가 입찰을 피하는 제도다. 이 법령이 영국 사회적경제에 미친 영향은 현재 다각적으로 평가 중이다.

7　이 법령의 자세한 내용은 영국의 지역주권주의와 주민자치(김정원, 2017)를 참조하기 바람. 서울시 마을공동체 종합지원센터, 정책웹진, 서울마을 1호(https://goo.gl/yrwJJD)

■ 도시재생을 위한 사회적경제에 던져야 할 질문

영국 시민사회가 1714년부터 활동하기 시작했다고 보면, 영국은 300년 가까이 시민사회가 지역 공동체와 함께 사회 문제를 주도적으로 해결하는 문화와 접근법에 익숙한 나라이다. 바로 이러한 근대의 전통이 사회적경제의 기반이 되고 있다. 정부는 시민과 지역사회가 이미 만들어 놓은 사회적경제의 기반을 더 활성화하려는 정책과 법령을 마련한 것이다. 이러한 관점에서 보면 사회적경제 기반의 도시재생은 관, 민, 지역 시민 각 주체의 신뢰와 존중에 기반한 파트너십에서 성장한다. 아무리 좋은 프로그램과 전문 기술이 있어도 지역사회에 영향을 미치는 서로 다른 주체가 협업하지 않는다면 잘 작동하지 않는다. 영국 사례를 보면서 다음의 주요 질문에 대한 대답을 찾아가는 탐방이라면 국내 사회적경제 기반의 도시재생에도 의미 있는 교훈을 줄 것이다.

첫째, 근대사회에서는 도시 문제의 해결책을 만들어 가는 주체가 시민사회였고, 세계대전 후에는 정부였다. 그렇다면 현 시점 도시 문제를 해결할 도시재생과 사회적경제 영역에서 정부, 시민사회의 역할은 무엇이며 어떤 관계를 설정할 것인가?

둘째, 세금만으로 공공 문제를 해결하는 것에 한계가 드러난 지금 공공 문제 해결을 위한 자금 및 여러 인적, 물적 자원 지원은 어떻게 해결할 것인가?

셋째, 낙후된 지역에 대한 민간자본투자의 물리적 공간 개발만으로는 지역의 지속가능한 발전을 이루는 데 한계가 있다. 이러한 전형적 도시개발 모델이 아닌 시민이 주도하는 시민자산화의 모델은 무엇이 있으며 여기서 중앙정부와 지방정부의 역할은 무엇인가?

■ 해크니개발협동조합 사례[8]

해크니개발협동조합(Hackney Co-operative Development, HCD)은 지역 주민을 위한 주택조합으로 시작해서 최근에는 지역개발을 지원하는 개발 에이전시로 활동한다. HCD의 주요 프로그램은 해크니 지역 협동조합과 사회적기업 창업, 육성 지원이며, 지역의 협동조합, 사회적 기업, 지자체, 민간기업, 지역민 등을 서로 연계하는 협업 플랫폼도 운영한다. 지역 주민이면 조합비 없이 누구든지 조합원이 될 수 있으며, 현재 조합원 300명이 민주적으로 의사를 결정하며 조합을 운영한다.

HCD가 소유하는 건물은 '지역 공동체의 이해를 우선시'하면서 운영하고, 해크니 구에 있는 여러 기업에게 저렴한 비용으로 임대해 준다. 1980년대에 일명 '후추알 임대[9]'로 불리는 무상 임대 프로그램을 만들어 해크니 구를 통해 노후 건물을 임대했다. 해크니 구는 노후된 건물을 재활용하는 데 소요될 막대한 철거와 비용을 감당할 수 없어, 이 건물을 HCD에 무상으로 장기임대해 주었다. HCD는 이 건물의 이용권을 보장받아 은행 융자 등을 통해 건물개조 비용을 마련

8　도미니크 엘리슨(해크니개발협동조합 전 대표) 강연, 2016. 2.

9　장기임대 시 계약서에 임대료로 후추 한 알만을 책정하는 데서 유래한 이름, 즉 무상임대의 다른 이름. 중세시대 영주가 소작농에게 후추 한 알의 임대료를 받고 농사지을 땅을 임대해 준 것에서 비롯한 용어.

했다. 건물을 개조한 뒤 일부는 상점으로 임대하면서 임대비를 벌어 은행 융자를 갚고, 일부는 저렴한 작업공간이나 상가를 마련해 지역 기업과 지역 상인에게 저렴한 공간을 임대했다. 이러한 노하우를 기반으로 25년 동안 윤리적인 지역 부동산 임대업체로 활동해 왔다. 보수 비용은 윤리적 은행에서 조달하고, 건물 임차 비용은 민간 임대업체의 70% 수준으로 책정했다. 이런 까닭에 HCD 사무실을 임대하는 지역 기업은 HCD의 각종 지원으로 기업 생존율이 다른 곳 소재 기업의 평균 생존율보다 높다. HCD 건물에 입주한 기업 수는 80개이며 이 가운데에는 세계에서 가장 유명한 재즈클럽도 있다.

HCD는 달스턴 지역에 질레트 스퀘어(Gillet Square)라는 시민광장을 만들어 운영한다. 질레트 스퀘어는 과거 우범지역이었으나 HCD가 광장으로 만들어 범죄율을 낮추는 효과를 내면서 명성이 높아졌고 2012년 런던 올림픽 공식 행사가 이곳에서 열리기도 했다. 또한 공공 공간으로서 활용도도 높아 세계건축효과상을 수상하기도 했다. 이제 질레트 스퀘어는 해크니 구 달스턴 지역의 다양한 이민자 문화를 수용하고 많은 창조 산업이 발생하는 장소로 발전했다.

현재 HCD는 젠트리피케이션(gentrification)을 해결할 방법을 모색하고 있다. 해크니 구가 재생되자 민간사업자가 지역개발사업에 참여하면서 이 지역의 건물 임대료가 급격히 상승하고 있다. 이에 HCD는 민간사업자와 연계해 신규 건물을 개발하고 이 건물의 일부 공간에서는 현재 이 지역 부동산 시장의 임대가에 맞추어 수익을 낸 다음, 그 이익으로 지역 기업을 위한 저렴한 임대 공간을 확보하는 전략으로 젠트리피케이션 부작용의 완충을 기대하고 있다.

[주요 질의응답]

도미니크 엘리슨(해크니개발협동조합 전 대표)

Q 윤리적 은행이 무엇이고, 특별한 융자 조건이 있는지?

A 윤리적 은행은 수익뿐 아니라 사회적 성과를 내는 사회적기업이
거나 그런 프로젝트를 진행하는 곳에 돈을 빌려주는 은행이다.
물론 은행이기 때문에 융자해 주는 것이지 보조해 주는 것은 아
니다. 사업 계획에 따라서 시간이 걸릴 수도 있으므로 사업 계획
에 따라 돈을 갚을 때까지 기다려 준다. 그러나 수익을 내지 못
하면 은행도 위험할 수 있기에 이율은 시중 은행보다 낮지 않다.

Q 전문가를 설득할 만한 사업 계획서를 제출해 장기 대출을 받았다
고 했다. 어떤 사업 계획이었나?

A 부동산 임대업이 HCD 수익의 90%를 차지하고, 런던 시가의
70% 가격으로 임대하기 때문에 설득하기 어려운 점도 있었다.
대신 임대 회전율을 높이면 충분히 수익을 낼 수 있다고 설득했
다. 10%는 나머지 서비스를 통해서 얻는 수익이다.

Q 투자받고자 내세운 목적은 무엇이었나?

A HCD가 위치한 해크니 구 상인들에게 저렴한 임대료로 가게나
사무실을 제공하는 게 주요 목적이다. 해크니 일부 지역에서 젠

트리피케이션이 일어나 소규모 상인들이 지역을 떠날 수밖에 없는 상황이다. 그래서 HCD가 지역개발협동조합으로서 지역 건물을 소유, 확장시키려고 한다.

Q HCD는 조합원 300명 정도가 운영한다고 들었다. 처음 조합원을 모집할 때는 어떻게 소통하며 수를 늘렸나?

A 처음에는 10명 안팎이었으며 자생적으로 출발한 것은 아니다. 총회 같은 일반적인 과정을 거쳤다. 특히 HCD는 공간을 함께 사용하면서 사업을 진행하기 때문에 한 이슈를 해결코자 아이디어를 낼 때 되도록 전문가나 전문조직과 함께하려고 한다. 조합원 모두가 아이디어를 많이 내며, 최근에는 트위터를 활용하기도 한다.

Q 민주적 의사결정은 어떻게 이루어지나? 모든 조합원이 매 순간 함께하는지 혹은 다른 경로가 있는지? 주민참여는 어떻게 이루어지나?

A 대표가 중요한 의사결정 권한을 가지며, 부동산 매입처럼 큰 프로젝트를 진행할 때에는 이사진이 모여서 결정한다. 진행 과정은 모든 조합원과 공유한다. 이사진 결정에 불만이 있을 때는 그 결정을 한 이사와 조합원이 직접 대화할 수 있는 창구가 있다. 조합원이 원하면 이사진의 결정을 취소하고 이사진을 해임할 수도 있으나 그런 경우는 한 번도 없었다.

Q 협동조합으로서 안산시 대부도의 그랑꼬또 그린영농조합에 줄 수 있는 조언은?

A 포도 판매만으로는 수입이 충분치 않았기에 다른 방식으로 포도

를 가공하고 판매해야 할 듯하다. 즉 그동안 쌓아 온 전문성을 살리되 지금 사회와 시장 변화에 발맞추는 것이 협동조합 생존의 가장 큰 원동력이자 적합한 비즈니스 모델이라고 생각한다. 대부도는 안산시에서 구상하고 있듯이 관광자원을 잘 가꾸어 활용하면 대부도 주민과 더불어 경제적으로 성공할 수 있으리라고 본다. 이때 가장 중요한 것은 새로운 프로젝트를 진행하기에 앞서 대부도 주민이 원하는 것이 무엇인지를 충분히 고려하고, 그 점들과 새 프로젝트가 얼마나 맞닿아 있는지를 살펴야 한다. 또한 프로젝트 진행 과정에 시민이 얼마나 참여하는지도 중요하다.

Q 조합원들이 이익을 어떻게 나누는가?

A 협동조합이지만 주주가 없고 조합원도 출자금을 내지 않는다. 수익은 완전히 공개되며, 100% 지역 재투자에 쓰인다. 조합원은 직접 수익을 가져가지는 않지만 다른 다양한 방법으로 이익을 얻을 수 있다. 저렴한 비용으로 공간을 빌리고 사업 지원도 받을 수 있다. 가장 좋은 점은 주변 파트너들과 상호 협동하면서 작은 사업을 크게 키울 수 있다는 점이다. HCD가 조합원과 수익을 나누지 않는 가장 큰 이유는 프로젝트 결과는 공동체 전체를 위한 것이라는 목적을 의도적으로 나타내려 하기 때문이다. 즉 프로젝트 성과가 크면 클수록 공동체를 위한 혜택도 커진다고 생각하면 된다.

영국의
도시계획 전략[10]

▨ 영국의 도시계획 특성

런던은 항상 변화하고 발전하는 도시다. 어떤 순간에도 완성된 도시
는 존재하지 않는다. 도시계획자는 이를 반드시 이해해야 한다. 도
시의 과거가 어떠했는지를 잘 알고 그것을 기반으로 미래에 도시가
어떻게 바뀔지를 예상하며, 그 변화에 적응할 수 있는 공간을 남겨
두어야 한다. 도시는 네트워크가 모이고 변화가 일어나는 무대다.
독창적인 사람이 많이 모일수록 도시는 살아난다.

　도시는 정치적으로 아주 복잡한 곳이기도 해서 한 공간을 재생

---

10 피터 비숍 강연. 2016. 5. 피터 비숍은 런던 대학교 석좌교수이자 킹스 크로스 재생사업 참여 건
축회사인 알리스 앤 모리슨의 디렉터. 앞서 킹스 크로스 재생사업의 관할 구청 중 하나인 캄덴
구의 도시계획국장과 런던 시장 직속 런던 도시 디자인 전담기구인 '디자인 포 런던'의 디렉터
를 역임했음.

하는 데 수많은 기관과 단체, 이해당사자가 관여한다. 도시계획자가 해야 할 일은 공간을 재생할 때 이 많은 관계자 가운데 적절한 파트너가 누구이고, 각자 맡은 역할이 무엇인지를 파악해 중심을 잡고서 서로를 연결하는 일이다.

영국의 도시계획 시스템 특징은 도시개발을 위해 구체적인 계획을 세우지 않는다는 점이다. 그 대신 정책을 만들고 도시개발 체계(framework)를 정의한다. 런던 토지 대부분은 민간이 소유하기에 런던에 있는 공간과 건물은 대개 민간이 투자해서 개발한다. 영국의 도시계획 정책과 규칙은 개인이나 민간이 공간을 새로이 개발할 때 공공에서 무엇을 제어해야 하는지에 대한 규정들이다. 민간에서 개발을 진행하려면 법적으로 개발 제안 문서를 제출해야 한다. 공공에서는 이 문서를 토대로 사업 특성을 파악하고 해당 사업의 장점과 개발 결과 공동체가 얻을 수 있는 이점과 불이익은 무엇인지를 꼼꼼하게 검토한다. 이에 따라 규제와 진행 방식을 결정하기에 개발 허가가 나기까지 평균 3년이 걸린다. 그러나 새로운 개발 제안이 전체적으로 공공 이익에 부합한다면 규정은 변경될 수 있다.

이처럼 영국의 도시계획 시스템은 굉장히 복잡하면서도 유연하다. 이런 유연성 때문에 좋은 결과가 나오기도 한다. 킹스 크로스가 좋은 사례다. 킹스 크로스 재생사업은 개발사업 주체가 기본계획을 바탕으로 건축 허가를 관할 구청에서 획득하는 데 6년이 소요되었다. 전체 사업의 기본계획이 나오기까지 개발사는 여러 이해당사자와 공청회를 비롯해 수많은 대화를 나눴다. 그 대화 기록은 공식 문서로 시민에게 공개되었다.

개발 허가를 내고 나면 지자체는 개발업자에게 지역사회나 공공을 위한 기여 방안을 개발에 포함하도록 요구할 수 있다. 예를 들면 사무실 건축 허가를 내면 그 조건으로 인구 증가에 따른 학교 증설, 추가 교통 기반시설 건설 비용을 감당하라고 요구할 수 있다. 또한 개발자는 개발이 끝나면 공동체에 미친 여러 영향도를 평가받아야 한다.

■ 런던의 도시개발 역사

런던 문화 중심지역인 사우스뱅크(Southbank), 버킹엄 궁, 하이드 파크가 있는 런던 중심부 웨스트 엔드(West End), 전통적인 금융가 시티(City of London)에 이어 두 번째로 큰 금융 중심지인 카나리 워프(Canary Wharf)까지 대개 런던에서 부유한 지역은 템스 강 서쪽에 있다. 그리고 동쪽에는 상대적으로 낙후된 지역이 많다. 그래서 현재 런던의 도시계획 주요 전략은 서쪽에 있는 자금과 역량을 동쪽에 투자하는 것이다.

런던에는 훌륭한 지역이 여럿 있고 그 가운데 하나가 남쪽에 있는 그리니치(Greenwich) 지역이다. 1966년 일어난 대화재로 많은 건물이 사라졌지만 이런 큰 화재가 도시계획자에게는 기회이기도 하다. 화재로 많은 건물이 소실된 지 14일 만에 크리스토퍼 렌이라는 당대 최고 건축가가 런던의 새로운 도시계획을 세웠다. 그러나 런던에는 개인 소유 땅이 많아 체계적인 도시계획으로 한 번에 만들어진 지역보다 자생적으로 생긴 지역이 더 많다. 복잡한 런던 남쪽 지역이 그 예다. 그러다 보니 크리스토퍼 렌이 만들고자 한 북쪽 지역 기본계획도 결실을 맺지 못했다. 이러한 역사적 경험에서 '런던에서는 도시계획을 세우지 말자'라는 교훈이 나왔다.

한편 18세기에 런던을 도시계획한 역사가 있으나 이때도 한 번에 모든 것을 계획한 것이 아니라 개인이 땅을 사서 격자 모양으로 하나씩 개발해 나갔기 때문에 런던 전체를 통합해서 하나의 큰 개발계획을 수립한 적은 한 번도 없다. 개인이 계획을 세우고 격자 모양으로 주어진 대지를 개발하다 보니 공공계획이 아니었는데도 전체 도시계획을 한 것 같은 형태가 나타났다.

런던은 점진적으로 확장되다가 20세기 초에 매우 크게 확장되면서 유럽에서 가장 큰 도시 중 하나로 성장했다. 이런 급속한 확장은 어찌 보면 행운이었다. 개인이 차를 소유하기 전에 도시가 확장되면서 대중교통을 위한 기반시설이 먼저 만들어진 셈이 되었다. 런던의 확장은 동네의 개념, 즉 빌리지가 하나씩 개발되면서 도시가 만들어진 것이어서 런던은 '빌리지의 도시'라는 별칭을 갖게 된다. 런던은 구역마다 독특한 개성이 있어 지명을 말하면 그 동네의 특성을 바로 알 수 있다.

도시가 확장되면서 외곽에는 건물이 높지 않고 인구밀도가 상대적으로 낮은 주거지역이 넓게 형성되었다. 그러다가 1939년에 그린벨트를 확정하고 더 이상 런던 외곽을 확대 개발하지 않겠다고 발표한다.

이후 2차 세계대전 때에는 런던 곳곳이 폭격으로 파괴되었다. 도시 여기저기에 구멍을 낸 것 같은 모양이 되다 보니 전쟁이 끝난 뒤에는 폭격으로 파괴된 지역을 새롭게 개발하는 것이 과제였고, 지금도 복구 사업이 계속되고 있다. 또 슬럼가와 오래된 건물, 주택을 재개발하는 것도 지속적인 과제였다. 슬럼가와 낙후된 건물을 새롭게 지을 때는 그곳에 살던 주민을 런던 중앙부로 이주시킨 뒤 새집으로 되돌아가도록 했다.

1960년부터는 고층 아파트가 건설되었는데 자가용이 많아지던 시기여서 교통문제가 발생하기 시작했다. 교통문제를 해결하고자 도심 안에 도로 네트워크를 계획했지만 도심에 도로가 많아지는 것을 시민이 크게 반대해 이 계획은 중간에 무산되었다. 지금도 중단된 계획의 흔적을 시내 곳곳에서 볼 수 있다.

1980년대 중반, 런던은 제조업에서 서비스업 중심 도시로 전환한다. 이 시기에 런던 인구는 감소 추세로 진입했다가 1997년부터는 다시 증가하며, 지금은 역사상 최대치인 870만 명에 이른다.

■ 다문화도시 런던의 도시개발 정책

런던 시민의 출신 국가는 약 160개이며, 시민의 65%가 런던이 아닌 다른 지역에서 태어났고, 50% 이상은 외국에서 태어났다. 그리고 런던은 문화 중심 도시를 표방하며, 박물관, 갤러리, 페스티벌 같은 지표를 볼 때 세계 어느 도시보다 우수하다. 이러한 문화다양성이 산업과 연결되어 전 세계 재능 있는 사람이 런던으로 이주해 오고 있으며 그들이 재능을 발현할 수 있는 문화적 기반시설도 갖추고 있다. 런던 학생 22%가 외국에서 왔다는 점도 돋보인다.

런던은 지역에 따른 경제 불평등이 있다. 지하철 노선의 평균 수

명을 비교한 결과가 있다. 주빌리 라인이라는 노선을 예로 살펴보면, 잘 사는 웨스트민스터 지역(서쪽)에서 재생이 필요한 스트라포드 지역(동쪽)으로 한 정거장 이동할 때마다 정거장 부근 지역 주민의 평균수명이 1년씩 줄어든다. 결국 경제적 여건이 가장 나쁜 지역과 경제적 여건이 가장 좋은 곳을 비교하면 지하철 주빌리 라인 정거장 주변 지역 주민의 평균수명은 10년가량 차이가 난다. 또 다른 문제 중 하나는 대기오염으로, 이 또한 런던 시내와 동쪽이 다른 지역에 비해 더 심한 것으로 나타난다.

런던의 산업이 제조업에서 서비스업으로 전환하면서 제조업 중심일 때 이용했던 많은 항만시설을 재활용해야 하는 숙제가 생겼다. 또 인구가 늘어났지만 공간적으로 더 이상 확장할 수 없는 도시인

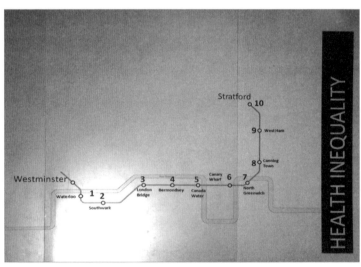

주빌리 라인의 평균수명 비교

점도 문제였다. 결과적으로 런던 도시개발 정책의 주요 내용은 경제적 성공, 저렴한 주택 제공, 환경보호, 도시 특성 보존, 시민 삶의 질 개선, 깨끗한 공기 제공 등이며, 이런 목적을 달성하려면 우선 용적률부터 강화해야 한다.

공간으로 따지자면 건축물은 큰 개발사업이 아니라 작고 특화된 지점이라 할 수 있다. 런던은 유서 깊은 건물 사이에 공간이 생겨 한 지점을 개발할 때 문화유산과 어울리는 건물을 짓도록 했다. 어떤 곳에서는 개발회사가 주변 토지를 모두 매입해 전체적으로 개발하기를 원했지만, 문화유산 훼손을 방지하고자 해당 공간 개발만 허용한 경우도 있었다. 건축 허가나 개발을 매우 엄격하게 통제하면 의외의 결과가 나오기도 한다. 건축가가 제한된 범위에서 아주 특이하고 상징적인 건물을 만들어 내는 것이다. 노먼 포스터(Norman Foster)[11]가 제한된 공간에 특이한 상상력을 동원해서 오이지 모양으로 설계한 런던 시티 구역의 거킨(오이지) 건물이 좋은 예라 할 수 있다.

이와 달리 카나리 워프(Canary Wharf)는 유휴지였던 넓은 부지에 새로운 건물을 세운 사례다. 국제적인 금융기관들이 런던에 본부를 둘 때 사무실 공간이 부족했는데 카나리 워프를 금융가로 개발하면서 국제적 금융기관의 본부가 이곳으로 이전했다.

---

11 영국 건축가로 1956년 영국 공군에서 제대한 뒤에 맨체스터 대학교에 입학해 건축과 도시계획을 수학했음. 1999년에 건축계의 노벨상으로 불린 프리츠커상을 수상했음. 2009년에는 아트 부문에서 아스 투 리아스 왕자상 수상, 1994년에는 AIA 금메달을 수상했음.

■ 올림픽 공원 지역 재생사업

런던 시는 동쪽 지역에 중심을 두고 되도록 많은 건물이 조성될 수 있도록 허가권을 운영하고 있으며, 주 집행지역은 올림픽 공원 쪽이다. 이곳은 런던에서 가장 빈곤한 지역으로 투자자의 관심이 적었지만 지금은 개발이 한창이다. 많은 투자자가 올림픽 공원 주변을 개발하도록 하는 것이 런던 시의 계획이다. 런던이 2012년 올림픽을 유치한 것에도 런던 동쪽에 투자자를 끌어들여서 재생 기회로 삼으려는 목적이 있었다. 주경기장이 있고 레아 강을 따라서 기다랗

올림픽 주경기장과 주변 공원

게 올림픽 공원이 조성되었으며, 그 밖에 개발되지 않은 땅에는 체육 시설물을 새로 지었다. 지역개발에 앞서 이곳에 있던 중소기업의 95%를 다른 지역으로 이주시켜야 했고, 120헥타르(약 36만 3,000평)에 이르는 오염된 땅을 4미터 깊이로 파서 오염물질을 완전히 제거해 토지 환경을 개선했다.

올림픽 공원을 조성할 때 장기적인 기본계획이 필요했다. 알리스 앤 모리슨이 기본계획을 만드는 회사로 선정되었고, 올림픽에 쓰인 여러 시설을 그 뒤에 어떻게 활용할지를 고려했으며 장기적으로는 이 지역을 어떻게 런던이란 대도시의 한 부분으로 편입할 것인가를 고민했다. 예를 들어서 주경기장을 관람석 85,000개로 만들었지만, 올림픽이 끝난 뒤에는 그렇게 큰 경기장으로 남겨둘 이유가 없기 때문에 관람석을 25,000개로 조정할 수 있도록 설계했다. 관람석을 각 층마다 분리하고 올림픽이 끝난 뒤에 가장 높은 층을 분리해서 관중석을 줄여 다른 용도의 경기장으로 쓸 수 있도록 설계한 것이다. 다른 경기장도 모두 올림픽이 끝난 뒤에 무엇인가를 해체하거나 조절해 지속적으로 활용할 수 있도록 설계했다.

경기장 3개와 올림픽 공원은 그대로 남겨 두고 그 주변을 중심으로 주거지역이나 도심 기능을 추가하는 작업이 진행되었으며, 어떻게 더욱 확장된 이웃 지역까지 개발과 재생사업을 펼쳐 갈지에 대한 연구도 진행했다. 우선 올림픽 공원 주변을 70~80개 구역으로 나눠 개발하고 이곳들을 주경기장 지역과 연결해 다시 통합하는 계획을 세웠다. 처음에는 올림픽 주경기장을 중심으로 재생사업이 계획되었지만 결국에는 주변 지역과의 통합 계획까지 포함하게 된 것이다.

■ 오래된 항만 지역 런던 동부 재생사업

특히 런던 동쪽에 항만시설이 많았으며, 로열 도크도 그 가운데 하나였다. 대중교통 연계가 부족하고 옛 산업시설로 오염된 땅이었기에 민간 투자자는 대체로 이 지역에 크게 투자하기를 주저했다. 이러한 문제를 풀고자 당시 런던 시장이었던 보리스 존슨은 올림픽 공원을 중심으로 두고서 로열 도크로 내려오면 나타나는 템스 강변 오른쪽을 그린 사업지구로 만들겠다는 비전을 제시해 전체 정치인들에게 지지한다는 서명을 받았다. 투자자들은 정치적으로 합의된 비전을 보고서야 관심을 보이기 시작했다.

아랍 에미리트 항공에서 운영하는 케이블카

우선 올림픽 공원을 중심으로 새로운 환경 산업의 연구 센터나 관련 사업이 입주하도록 개발계획을 만들었고, 투자를 유치하고자 상하이에 있는 엑스포에도 참가했다. 토지 소유자와 접촉해 개발계획 합의서를 만들고 공통된 비전을 수립했으며, 합의에 따라 가능한 만큼 기본계획과 개발계획을 만들어 나갔다. 이 계획을 실행하는 두 가지 프로젝트가 결정되었고 그중 하나가 지멘스 비즈니스센터와 연구소가 그린 사업지구(enterprize zone)에 들어오기로 한 것이다. 이것은 상하이 엑스포에서 설명한 비전이 합의되면서 처음으로 투자자를 끌어왔던 직접적인 결과였다.

템스 강 남북으로 나뉜 토지를 연결하는 케이블카를 설치하고 O2 아레나라는 대중음악 대형 콘서트장과 지멘스 에코 홍보관, 엑셀이라는 대형 박람회용 전시공간을 마련했다. 1시간에 200여 명을 실어 나를 수 있는 케이블카를 건립한 목적 중 하나는 낙후된 지역으로 악명 높은 런던 동부에 앞으로 개발과 투자가 많을 것이라는 런던 시의 의지를 나타내려는 것이었다. 약 4,500만 파운드(약 700억 원)가 필요했는데 유럽연합 재생기금과 아랍 에미리트 항공의 후원금을 사용해서 런던 시의 자금은 하나도 소요되지 않았다. 케이블카가 들어오고 개발사업이 시작되자 중국의 비즈니스센터가 들어오기로 했으며, 많은 중국 자본이 이 개발구역의 토지를 매입해 중국과의 무역 비즈니스센터로 개발할 계획이다.

■ 대중교통 강화와 경관

그 다음으로 중점을 둔 것은 대중교통 강화다. 런던 시에서 대중교통이 잘 발달한 지역은 언제라도 용적률 높은 건물을 지을 수 있다. 그리고 히드로 공항이 있는 런던 서쪽과 동쪽을 연결하는 새로운 지하철 노선 크로스레일을 건설하고 있다. 완공되면 런던 서쪽에서 동쪽으로 이동하는 시간이 2/3 정도 단축된다. 지상철과 지하철이 연결된 북서쪽과 남동쪽을 이어 주는 노선도 계획하고 있다.

런던 시는 10년 전 도입된 도심 혼잡 비용을 지금까지 부과한다. 자동차 이용을 불편하게 만들어서 대중교통을 이용하는 것이 더 편리하게 느끼도록 하는 정책이다. 런던 시내에 혼잡구역을 지정하고 그곳에 진입하는 자동차를 대상으로 요금을 받는다. 하루 진입료는 12파운드, 주차료는 100파운드, 불법주차 시에는 400파운드를 부과하는데, 도입 이후 런던 시내 교통량이 5% 정도 감소했다. 공공교통에 배정된 예산은 대부분 보행, 자전거 이용, 대중교통 편의 제공에 쓰인다.

도시의 여러 공간을 어떻게 만들면 런던이란 큰 도시의 경관이 어떻게 달라질지도 알 필요가 있다. 그리고 런던을 정말 살기 좋은 곳으로 만들려면 각 공간마다 어떤 일이 벌어지고 시민이 그 공간을 어떻게 이용하는지를 지역사회와 협업해 파악하는 것이 중요하다. 이런 고민은 한 가지 철학에서 비롯되었다. 바로 점층적 도시화다. 현존하는 것이 무엇인지를 이해하고 어떻게 활용되는지를 파악한 다음에 그것을 더욱 잘 활용할 수 있는 방법을 하나씩 점층적으로 결정하는 것이다.

■ 시민 참여와 자투리 땅 살리기

런던에서는 재생이나 재개발이 필요할 때 누구에게나 열린 참여 기회를 만들었다. 도시계획자와 건축가가 개발 대상 구역 중심가에 공간을 마련하고 지역 주민의 개발 의견을 들으며 함께 개발계획 아이디어 그림을 그려 보는 작업을 진행했다. 이러한 작업 방식은 아주 복잡한 도시 문제를 점층적으로 해결해 나가는 것을 의미한다. 큰 계획을 하나 만들어서 단번에 해결하는 것이 아니라 작은 것부터 하나씩 해결해 나가며 도시 전체 문제를 풀어 가는 것이다. 런던처럼 복잡한 도시를 점층적으로 개발한다는 것은 수많은 지역 주민이 참여한다는 뜻이고, 그렇게 꾸준히 대화하면서 계획을 만들다 보면 더 빠른 개발 방안이 나오기도 한다.

도시의 공공 공간을 새롭게 디자인하는 작업에도 집중했다. 사우스뱅크에 로열 페스티벌 홀이라는 음악당이 있다. 이곳 바로 앞 강변에 인도를 만들고, 음악당 1층에 카페, 레스토랑, 바 등을 만들어 누구나 쉽게 건물에 접근하도록 설계했다. 또 트래펄가(트라팔가르) 광장에는 자동차 도로를 인도로 편입시켜서 광장과 내셔널 갤러리가 통합되는 공간을 확보했다. 사우스 켄싱턴의 박물관 주변 도로는 인도와 차도의 경계를 없애서 사람도 걸어 다니고 차도 느린 속도로 지나가는 새로운 공간으로 바뀌었다. 질레트 스퀘어는 주차장을 지역 주민이 모이는 광장으로 만들었고, 브릭스톤은 차도를 없애고 작은 광장을 조성했다. 이처럼 런던에서 만들어진 공공 공간은 일부러 큰 공간을 확보하기보다는 자투리땅을 활용하고, 주로 차도를 인도로 전환해 그 주변에 있는 다른 공간과 연계하는 데 중점을 두었다.

'100가지 새로운 공공 공간'이라는 프로그램이 진행되었다. 자투리땅을 가지고 100가지 공공 공간을 만든다는 계획이다. 이 공간에는 벤치를 두고 나무를 심어 시민들이 쉽게 쉴 수 있거나 작은 모임을 갖는 광장 역할을 하도록 한다.

런던 동쪽은 낙후되고 많이 오염된 지역이지만 그곳에서 조금만 더 벗어난 외곽에는 녹지가 많고 아름다운 전원과 연결된다. 인접한 환경의 장점을 낙후된 지역으로 어떻게 끌어들일까 고민했다. 그 결과 런던 환경을 살리고 생물다양성을 유지하면서 레저와 휴식을 즐길 수 있는 환경친화적인 개발계획 '그린 그리드'가 탄생했다. 결론적으로 런던 동부지역의 도시계획은 빈 공간을 찾아내서 이웃 공간과 연결하는 것이며, 그로써 주변이 함께 성장하도록 하는 것이다.

[주요 질의응답]

피터 비숍(런던 대학교 석좌교수)

Q 2012년부터 2040년까지의 런던 도시재생사업은 누가 구상했고, 현재 누가 관리하는가?

A 2012년에 올림픽이 끝나고 경기장을 재활용하는 방안을 논의하며 2년간 계획을 수립했다. 담당부서인 올림픽조직위원회에서 진행했고 2040년까지의 장기 계획은 런던 올림픽유산개발공사에서 총괄책임을 맡았으며, 그곳에서 공개 입찰을 통해 알리스 앤 모리슨[12]이 사업을 수주해 장기계획을 수립하고 있다.

Q 런던의 도시계획 인허가 업무는 공무원이 담당하는가? 인허가권의 범위는 어디까지인가?

A 런던 도시계획의 주체는 민간이다. 토지주와 개발사가 모두 민간이기 때문이다. 지자체에서는 건축 허가를 내주고 이를 통해 개발 행위를 제어하고 통제한다. 예를 들어 킹스 크로스 재생사업 같은 경우 처음에 기본계획을 세우는 5~6년간 부동산 개발업

---

12 건축가 약 330명과 도시계획 전문가가 근무하고, 설립된 지 35년이 되었음. 킹스 크로스 사업, 올림픽 공원 사업 같은 영국의 다양한 도시재생 프로젝트를 수행했으며, 중동의 도시재생사업도 진행함. 또한 주거지역을 포함한 문화재생사업도 진행하고 있음.

자와 건축회사가 계획을 수립했다. 그러나 관할 구청인 캄덴 구의 도시개발국장이 제출된 개발계획을 살펴 전적으로 개발 여부를 판단했다. 개발계획 전체를 관장하는 부서는 1,500명으로 구성된 큰 규모였다. 그중에서 킹스 크로스만 전담하는 전문가는 10명이었고 자문을 구할 수 있는 외부 전문가 예산도 별도로 확보되어 있었다. 그래서 도시계획을 조정할 때는 전문적인 식견이 있는 공무원이 전문가 의견을 청취해 조정하는 권한을 행사한다.

Q 올림픽 공원 프로젝트는 언제부터 시작되었는가?

A 런던 동쪽 지역 개발은 역사가 깊다. 처음 런던 동쪽의 개발 필요성을 느끼기 시작한 것은 1970년대부터다. 그리고 1980년대에 중앙정부가 관여해서 카나리 워프라는 금융 중심지를 개발했

런던 도시재생사업을 설명하는 피터 비숍 교수

다. 이후 1990년에 켄 리빙스턴[13]이 런던 시장으로 당선되면서 런던 동쪽의 새로운 재생사업을 통해 런던을 글로벌 도시로 만들겠다는 비전과 접목시키면서 구체적인 계획이 세워졌다. 그 뒤를 이은 보리스 존슨 시장[14]이 계획을 이어받아 사업을 추진했다. 2016년에 당선된 사디크 칸 시장도 이 계획을 지지하고 연속성 있게 진행하리라 생각한다. 도시라는 것이 굉장히 큰 공간이라서 대규모 개발계획이 만들어지면 쉽게 변경하기 어렵다.

---

13 케네스 로버트 켄 리빙스턴(Kenneth Robert Ken Livingstone, 1945. 6. 17.~). 영국의 정치인. 2000년 4월 수도 행정 구역인 그레이터 런던(Greater London)이 신설된 뒤에 선출, 런던 시장을 역임했음. 사회주의자로, 붉은 켄(Red Ken)이라는 별명이 있으며, 노동당 소속이면서도 이라크 전쟁을 밀어붙인 토니 블레어 총리를 거세게 비판했음.
14 알렉산더 보리스 디페펄 존슨(Alexander Boris de Pfeffel Johnson, 1964. 6. 19.~). 영국의 보수당 정치인이자 저널리스트이며, 2008년 5월 4일부터 2016년 5월 9일까지 런던 시장으로 재임했음. 2016년 6월 23일에 실시된 영국의 유럽연합 탈퇴 여부를 묻는 국민투표를 탈퇴 찬성으로 이끈 주역으로 현 외무부 장관임.

디자인의 중요성과
도시계획자의 역할[15]

▓ 도시재생 조직의 중요성

런던이 전 세계 최고의 글로벌 도시라는 지위를 유지하려면 도시계획이 끊임없이 변화해야 했다. 현대 도시가 당면한 공통적인 과제는 경제·사회적인 변화가 있을 때마다 도시계획을 그에 맞춰 진행하는 것이다.

런던 시의 의뢰로 만들어진 디자인 포 런던(Design for London)은 건축가가 도시계획에 관해 시장에게 디자인적 관점에서 도시계획을 직접 조언하는 조직이다. 런던 시장(켄 리빙스턴 민선1기 시장)이 건축

---

15 피터 비숍(런던 대학교 석좌교수) 강연, 2016. 2.
16 영국의 건축가. 모더니즘, 기능주의적 디자인의 하이테크 건축으로 유명함. 건축가로서 그 공을 인정받아 1991년 영국 왕실에서 기사 작위를 받아 '경'이 되었고 1998년에는 종신작위를 받음. 주요 작품으로 런던의 로이드 빌딩과 밀레니엄 돔(The O2)이 있음.

가 리처드 로저스(Richard Rogers)[16]에게 "런던을 건축가의 시선으로 아름답게 만들고 싶다"며 조언을 요청했을 때 그는 "나 하나의 머리로는 그런 계획을 만들 수 없기 때문에 전체적으로 도시계획을 구상할 수 있는 건축가 팀이 필요하다"는 의견을 제시한 것이 계기가 되어 디자인 포 런던이 만들어졌다.

리처드 로저스는 이 조직의 책임자가 되었으며 시장은 "지금보다 나은 런던이 되려면 무엇을 할 수 있는지 항상 생각해 달라"고 당부했다. 조직에는 권한과 예산이 없었지만 리처드 로저스는 이를 오히려 좋은 점으로 여겼다. 권한과 예산이 없으면 책임도 따르지 않아 마음껏 창의적으로 일할 수 있기 때문이다.

■ 도시재생 디자인 과정

조직은 기본계획 2개를 만들었다. 하나는 런던에서 공공 공간을 새롭게 개발하고자 할 때 이해당사자를 모두 모아서 그림(지도)을 만들었다. 이는 아주 많은 사람과 협력해야 하고 그들과 동맹을 맺고 설득해야만 도시계획이 나온다는 것을 의미한다. 주민과 이야기할 때 중요한 것은 이미 나온 계획을 가지고 논의하는 것이 아니라, 백지를 놓고 여러 사람의 의견을 들으면서 그림을 그려 나가는 것이다.

다음 페이지 그림에 나타난 원과 원 사이의 선은 이해당사자와의 관계를 나타낸다. 따라서 자기 의사를 표현할 때 이해당사자를 어떻게 설득할 수 있는지를 알 수 있다. 그렇더라도 양 끝에 있는 상대방을 설득하는 것은 쉽지 않다는 것도 알 수 있다. 따라서 많은 점

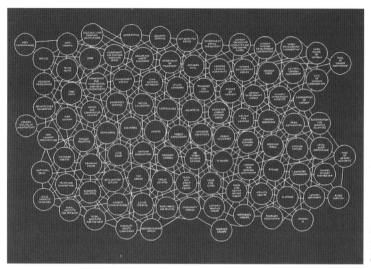

런던 재생사업 진행의 이해당사자를 나타낸 그림

런던 시민의 국적을 나타내는 195개 국기로 만든 런던 지도

을 거치면서 이해당사자를 설득해 나가야 한다.

195개 국기가 나오는 지도는 런던 시민의 국적을 나타낸다. 아주 다양한 민족의 다양한 문화로 디자인해야 한다는 것을 의미한다. 그래서 런던의 도시계획에 새로운 방법을 시도하기로 했다. 바로 스토리텔링이다. 런던을 구성하는 다양한 시민과 이해당사자가 어떤 스토리를 가지고 있는지 알아보고, 그 스토리를 풀어 나가면서 디자인에 필요한 철학과 중요한 요소를 만들어 보기로 했다.

한 예를 살펴보자. 2012년 런던 올림픽에 쓰였던 경기장 재생에서 가장 큰 도전은 올림픽 공원이 만들어졌을 때 현재의 런던과 어떻게 연결하고 통합할 것인가였다. 그래서 주변 지역과 대중교통 및 자전거 도로를 어떻게 연결할 것인가를 먼저 고민했다. 그런 뒤 공원의 열린 공간과 물을 이용해서 사람 중심 공간을 만들기로 계획하며 하나의 건물에서 점점 진화해 하나의 도시로 통합되는 과정을 상상했다.

당면한 과제는 올림픽 공원에 붙어 있는 가장 빈곤한 지역인 해크니 위키드라는 지역과 통합하는 것이었다. 그래서 주변 6개 이웃 지역을 연계한 계획을 수립했다. 여기서 중요한 것은 올림픽 경기장 같은 건물을 구상하는 것이 아니라 주변 이웃을 재생하려는 것으로 사회적, 경제적 기본계획을 고민했다는 점이다.

특히, 북동쪽 노던 올림픽 챌린지라는 빈곤 지역에서 60~70개에 이르는 사회사업을 구상했다. 작은 규모로 주민 교육프로그램, 공간을 이용한 사업 등을 시작하는 계획이다. 이 사업들을 개별적으로 봤을 때는 평범한 내용 같으나 한 지역에서 집중적으로 60~70개

런던 올림픽 공원과 주변 지역 전경

사업이 동시에 진행되고, 그것이 서로 연결되자 사람들은 자신의 삶을 변화시키는 기회가 될 수 있다고 믿었다.

　이런 사업을 통해서 올림픽 공원과 그 주변 지역을 어떻게 연계하고 변화를 만들어 낼 지가 디자인만큼이나 중요하다는 교훈을 얻었으며, 더욱 자신감을 가지고 올림픽 공원에서 펼친 사업의 범위를 런던 동부의 빈곤 지역으로 확대하는 방안을 고민했다.

　전체를 숲으로 조성하는 그린 그리니치(Green Greenwich)라는 사업도 간단히 살펴보자. 그리니치는 영국 동쪽에 있는 지역으로 숲과 공원을 잘 이용할 수 있도록 도시와 연결하는 재생사업이었다. 한 구역의 경관을 조성하는 사업이지만 그것을 넘어서서 런던 전체의 경관이 어떻게 달라지는지 보고 다시 그 지역의 경관을 어떻게 디자인할지를 고민하는 방법이었다.

그리니치는 옛날에 상업지역이었으나 오랫동안 방치되어 있었다. 그래서 방치된 건물과 자연을 잘 연결해 공간을 재활용할 수 있는 전략을 세워야 했다. 버려진 늪지와 농지, 쓰지 않는 오래된 운하, 시냇물과 산책길도 있었다. 우선 지역을 6개로 나누고 각 지역의 자원 활용에 초점을 둔 서로 다른 전략을 만든 뒤 각 지역이 연결되도록 인도와 자전거 도로를 조성했다.

이런 사업을 진행하려면 다양한 조직을 설득해 투자를 받아야 해서 25년이란 긴 시간을 갖고, 구역당 하나씩 재생하는 전략을 만들었다. 전체 사업을 시작하면서는 구역마다 새롭게 디자인하고 잘 관리될 수 있도록 예산 약 800만 달러(약 92억 원)를 확보했다. 도로 건설에 사용한다면 48킬로미터 정도를 건설할 수 있는 적은 예산으로 지역재생을 시도하는 것이다.

■ 도시계획자의 역량과 책무

사업이 진행되면서 아주 작은 산업 하나하나가 모여 런던이라는 큰 도시를 활기차게 만든다는 사실이 드러났다. 이럴 때일수록 도시를 하나씩 쪼개서 작게 보고, 작은 지역에서 무슨 일이 일어나는가를 살핀 뒤 다시 합쳐서 관찰해야 한다. 지역의 자산이 무엇이고 더 발전할 여지는 없는지, 혹시 놓치고 있는 것은 없는지 반복적으로 살피는 것이 중요하다.

디자인 포 런던 팀이 믿는 철학은 아주 단순했다. 모든 사람이 참여하고 협의하는 기반을 만들어야 시민 모두가 행복할 수 있다는 것이다. 여기서 중요한 점은 점진적인 구현이다. 절대로 큰 곳을 먼저 개발하지 않고 구역별로 접근해 이웃과 함께 변화시키는 것, 특히 주민을 참여시켜서 변화시키는 것이 중요하고 효과적이다.

건축물이 완성되었다고 해서 건축가의 일이 끝나는 것은 아니다. 건축가는 지역 사람들과 관계를 유지하면서 그 공간이 어떻게 이용되는지를 지속적으로 살피고 상황에 따른 전략을 제시해야 한다. 예를 들자면, 공간을 만든 다음에 이동식 놀이기구를 가져다 놓는다든지 연극단이나 배우를 초청해서 이벤트를 연다면 그 공간의 이용 패턴에 변화를 줄 수 있다. 따라서 지역 주민이 공간을 어떻게 활용하면 좋을지 머리를 맞대고 고민하는 것도 건축가의 몫이다.

[주요 질의응답]

피터 비숍(런던 대학교 석좌교수)

Q 그리니치를 그린 비즈니스 이미지로 재생하게 된 배경을 알고 싶다. 그리고 어떻게 세부계획 없이 지멘스 같은 기업을 유치할 수 있었는가?

A 런던 시장이 결정한 내용이다. 재생사업의 배경으로 첫째는 런던 시장이 스스로 환경을 중시하는 사람이라 말했고, 이를 실천하고자 내린 결정이었다. 두 번째는 런던에는 다양한 산업 동력이 필요한데 그린 비즈니스의 중요성은 잘 파악하지 못하고 있었다. 빠르게 변화하고 발전하는 분야이기 때문에 런던에 반드시 필요하다는 점을 투자자들에게 설명한 것이 주효했다고 생각한다.

Q 영국은 도시재생 때 긴 기간을 갖고 지역사회와 함께 토론하면서 개발을 주도하는 반면 한국은 짧은 시간 안에 집중해서 빨리 끝내야 한다는 문화가 팽배하다. 이런 한국 상황에서 정부라든지 개발자에게 제언할 것이 있는가?

A 우선 킹스 크로스처럼 6년에 걸쳐서 기본계획을 만들라고 제안하지는 않겠다. 그러나 장기적 관점에서 계획을 만들지 않아서

손실을 입을 환경과 돈을 생각하면 최소한 30년, 50년, 70년을 바라보면서 계획을 수립하는 것이 맞다. 특히 경제적 손실을 방지하려면 처음 계획을 입안할 때, 1년 정도 디자인 원칙을 정하는 기간을 갖길 권한다. 여러 나라에서 3개월 만에 기본계획을 세우는 것을 많이 보았다. 여기에 9개월만 더 투자하면 손실을 줄이고 많은 자원을 살릴 수 있다. 요리하는 것과 비슷하다. 음식 재료 선택에 시간을 오래 들이면 맛있는 음식이 나올 확률이 높다.

Q 그 말에 동의는 하지만 계획을 결정할 때 경제적 이유만 앞세울 때가 많다. 이런 경우에 정부나 개발사업자를 설득할 수 있는 포인트가 무엇인가?

A 킹스 크로스에서 교훈을 얻을 수 있을 것이라 생각한다. 개발이 끝난 다음에 부동산 개발업자가 건물의 일부분을 장기간 사용해서 이득을 가져가도록 했다. 시나 공공이 할 일은 단편적인 생각을 가진 개발업자나 투자자를 설득하는 일로 특히 경제적 손실이 없다는 것을 강조할 필요가 있다. 킹스 크로스처럼 장기간에 걸쳐 고품질 건물을 지으면 임대료가 바로 상승하듯이 경제적 이득을 바로 얻을 수 있다는 비전을 보여 줘야 한다. 하나 더 중요한 것은 자치단체장 같은 공공 리더의 역할이다. 킹스 크로스와 같은 좋은 사업을 진행할 수 있었던 큰 이유는 건축가나 도시계획자가 건전한 비전을 가진 시장과 일할 수 있었기 때문이다. 리더는 시 전체에 도움이 되는 사업인지 아닌지를 냉정하게 판단하고, 그에 부합하지 않는 개발계획을 가져온 투자자라면 단

호히 거절하거나 좋은 투자자를 찾는 리더십을 갖춰야 한다.

Q 도크랜드(Dockland) 사례가 국내 책에서도 소개되었다. 성공적이
라고 하면서도 지나치게 개발업자에게 이익이 돌아가고 지역에
는 이익이 적게 돌아갔다는 비판이 있는데 그에 대한 의견은 어
떤가?

A 책에서 이야기한 것에 동의한다. 아마도 도크랜드 개발 초기 이
야기를 주로 한 것 같은데, 어떤 지역을 재생할 때 개발 이익만
고려하면 시민에게 혜택이 없다는 것을 절실히 느꼈던 사업이다.
도크랜드 사업에는 몇 가지 영역이 있었고 우리는 그중 카나리
워프 재생사업에 참여했다. 그때는 이런 교훈을 깊이 생각하지
못하고 밀어붙인 것이 사실이었고, 그때 얻은 교훈 때문에 킹스
크로스와 로열 알버트 같은 재생사업을 성공했다고 생각한다.

제3장

•

런던의
도시재생사업

킹스 크로스 역세권[17] 재생사업[18]

킹스 크로스 도시재생사업은 의미 있게 진행되는 재생사업으로 평가받고 있다. 킹스 크로스는 아마도 토지가가 세계에서 가장 비싼 도시 런던에서도 중심부에 속하기에 너무나 많은 이해관계자가 있어 개발계획이 좀처럼 진행되지 못했다. 이러한 런던의 골칫거리 재생사업은 다행히 2002년부터 차근차근 진행되어 2015년에는 전체 공정의 약 60%를 넘어섰다. 개발계획이 수립되는 과정에서 다양한 이해당사자 간에 눈에 보이지 않는 협상과 정치적인 결단이 있었다.

본론으로 들어가기 전에 영국과 런던의 도시계획 과정을 알 필

---

17 런던 중심부의 킹스 크로스 역과 세인트 판크라스 역이 위치한 약 20만 평 유휴지와 버려진 건물의 재생 및 활성화를 목적으로 추진된 사업임. 지난 15년간 민관이 함께 재개발을 추진했고, 지역 이미지 개선과 지속가능한 지역사회 개발을 위해 노력하는 유럽 최대의 도심 재개발 프로젝트임. 개발자는 부동산 개발회사인 아젠트 사와 킹스 크로스 센트럴 파트너십(King's Cross Central Limited Partnership)임.

18 피터 비숍(런던 대학교 석좌교수) 강연. 2015. 8.

요가 있다. 도시재생은 대개 2~3년 동안 전문가들이 모여서 개발계획을 수립한다. 그 과정에서 개발 주체, 주민 등 여러 관계자와 컨설팅 및 공청회를 지속적으로 진행하고, 수립된 계획이 이해당사자 모두에게 동의를 받으면 계획을 확정한다. 그런 다음에 계획을 고시하고 개발에 착수하는데, 실제로 개발에 들어가서도 이해당사자들이 지속적으로 토론하므로 계획이 수정되는 일이 많다. 한마디로 전체 개발 과정의 유연성이 높은 것이다.

■ 킹스 크로스 역세권의 특성과 문제점

런던 중심에서 북동쪽에 위치한 킹스 크로스에서는 두 기차역(킹스 크로스 역과 세인트 판크라스 역)이 근접해 있다. 역사 주변은 조지안 시대에 온천이었고 빅토리아 시대에는 공장과 물류 창고가 있었던 곳으로 2차 세계대전이 끝난 후 야적장과 창고로만 이용되면서 토지 활용도가 떨어졌다. 그러면서 노숙자들이 모여들고 마약 거래 범죄율이 높아 지역 이미지가 매우 나빴다.

1990년대 초 노먼 포스터가 재개발을 위한 기본계획을 세웠으나 실현되지 못했고, 유럽 대륙을 연결하는 초고속 기차인 유로스타의 영국 출발역이 2007년 워털루에서 세인트 판크라스 역으로 이동하는 영국 중앙정부의 계획이 재개발 촉매제가 되어 현재까지 단계적으로 킹스 크로스 지역이 재생되고 있다.

킹스 크로스 역은 유럽 대륙과 런던 중심부 연결, 지하철 노선 6개, 공항 4개와 인접하기 때문에 국제적 역사로 발전할 수 있는 잠재

건축적인 측면에서도 아주 뛰어난 킹스 크로스 역

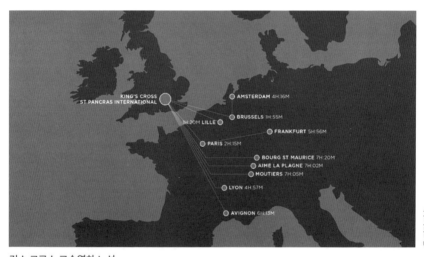

킹스 크로스 고속열차 노선

력을 지녔다. 킹스 크로스 역과 세인트 판크라스 역은 영국 북부와 연결되는 교통 허브 역할을 하며, 여기서 출발하는 유럽 대륙행 고속 열차가 개통되면 프랑스 남부까지 6시간이면 갈 수 있고, 5시간 만에 독일 프랑크푸르트까지 갈 수 있다. 한편 19세기 산업시대 역사를 그대로 보여 주는 옛 건물을 현대적으로 리모델링해 건축적인 측면에서도 아주 뛰어난 재생지역이 되었다.

이와 같은 대규모 재생과정에는 일반적으로 세 가지가 필요하다. 첫째는 토지에 대한 권한을 가지고 컨트롤할 수 있어야 하고, 둘째는 개발 자금이 필요하며, 세 번째는 건물을 짓기 위한 정부 허가가 나와야 한다.

첫 번째는 정부에서 신규 유로스타역 건설을 위해 싼 가격으로 토지를 제공해서 해결했고, 두 번째는 민간자본을 유치해 해결했다. 사업을 공고하니 영국과 유럽의 개발회사와 건축가가 민간자본과 컨소시엄을 만들어 입찰에 응했다. 재미있는 것은 제대로 된 계획서도 없이 제안서 한 장만 제시한 아젠트(Argent)[19]라는 중견 건설회사가 개발사로 선정된 점이다.

아젠트의 제안서는 세상 어느 누구도 이렇게 크고 복잡한 개발을 사전에 완벽하게 계획한다는 것은 불가능하므로 개발 과정에서 다양한 이해관계자와 협상, 타협해 개발계획을 세우고 진행하겠다는 약속뿐이었다. 아젠트는 중견기업으로 대표가 비교적 젊고 열정

---

19 아젠트 사(Argent LLP)는 1981년부터 지금까지 도시 상업시설 및 주거, 문화, 지역사회개발 등 복합개발사업에 참여하고 있으며, 2006년 킹스 크로스에서 800만 제곱피트 규모 개발계획을 수립했음.

적이었다. 이 회사의 모기업이 연금 운영 금융회사인 것도 자금운영 측면에서 조금 유리하게 작용했다.

세 번째 문제는 시간이 필요했다. 정부가 기본계획을 허가하는 데 6년이 걸렸다. 먼저 개발에 들어간 지역은 67에이커(약 20만 6,600평) 규모이며 두 구역으로 나뉘어 있었다. 유스턴 로드(Euston Road)라는 길을 중심으로 킹스 크로스 역사가 있는 왼쪽은 빈곤 지역이었고, 오른쪽은 부유하며 대학도 있는 지역이었다. 낙후된 지역은 실업률이 높고 주거 80%가 임대주택이며, 주민의 보건 상태는 영국 전체 평균 30% 정도로 나쁜 축에 속했다. 따라서 관할 구청은 세계적인 재개발 모범사례를 만드는 동시에 이 지역 주민에게 개발 이득이 직접 돌아갈 수 있도록 킹스 크로스 개발사업을 진행하는 것이 과제였다.

■ 역세권 도시재생사업 실행

정치인들이 이 지역의 개발계획을 논의했던 첫 회의에서 "이 지역의 비전은 무엇인가? 싱가포르 같은 도시인가, 뉴욕 같은 도시인가"라고 물었다. 관할 구청은 지금 태어난 아이가 재개발이 끝난 뒤에 16세가 될 것이며, 지금 중학교에 입학하는 11세 아이는 취업할 나이가 될 것이라며, 이 지역의 어린이와 청소년 삶에 킹스 크로스 재생사업이 어떠한 영향을 미치는가에 대해 긍정적으로 답해 주지 못한다면 성공적인 재생이라 할 수 없다고 이야기했다.

우선 어떤 개발자를 선정해서 어떻게 진행할 것인가를 토론하기 전에 최종적으로 이 사업이 주민에게 어떤 이익과 혜택을 줄 것인가를 명확히 결정하는 토론을 시작했다. 재생사업이 진행되는 20년간 주변 주민에게 어떤 영향을 미칠 것인가도 중요한 주제였다.

만일 이런 것들을 고려하지 않고 무조건 재생사업을 추진한다면 주민을 분노하게 만들고, 그 분노가 정치적 권한 행사로 이어져 정치인에게도 좋지 않은 영향을 미칠 것이므로 구청, 경찰청, 교통청 등 관계자들은 전반적인 방향과 방식에 대해서 동의했다. 그래서 런던의 이해관계기관(런던 시, 관할 구청, 경찰청, 교통경찰청, 런던시민 보건담당 기관, 토지소유주, 개발자) 대표들이 2주에 한 번씩 미팅하면서 진행 과정을 보고받고 2주 동안의 사회적 변화와 주민 의견을 반영하는 회의를 했다. 의사결정자들이 이렇게 얼굴을 맞대고 토론하기 때문에 결정이 빠르고 서로 간에 신뢰가 생겼다. 그래서 1년이 지나서부터는 주민 불만이 줄어 한 달에 한 번 회의했고, 2년이 지난 뒤에는 두 달에 한 번, 최근에는 6개월에 한 번씩 만나고 있다.

극복해야 할 장애도 있었다. 버려진 땅이라고 하지만 역사적으로 지켜야 할 산업유산을 훼손하지 않아야 하므로 거둬 낼 것, 보관해야 할 것 등이 많아 공사 진행 과정이 입체적이고 복잡했다. 구청은 자세한 계획이 나오기를 바랐지만, 개발업자는 규모가 크고 20년 동안 진행할 일이어서 수시로 상황이 바뀔 수 있기 때문에 유연한 계획을 만들어야 한다고 주장했다. 관할 구청 총괄 책임자는 두 의견을 조정해 합의점을 찾아내야 했다.

우선 처음 계획을 만들 때 1구역은 주택, 2구역은 상업, 3구역은 사무실 등 구역별로 용도 정도만 확정했다. 그리고는 가장 먼저 개발할 구역을 선정했고 구역에 따라서 건물의 최대 높이를 정했다. 전체 개발지역의 뒤쪽으로는 높은 건물을 지을 수 있지만 앞쪽으로는 낮은 건물로 제한했다. 또한 각 구역마다 환경지표를 설정해서 진행 과정 및 최종 결과에서 지켜야 하는 환경기준을 정했다.

관할 구청의 사업 책임자(피터 비숍, 당시 캄덴 구 도시계획국장)는 사업을 제대로 수행하고자 예산의 대표권을 달라고 구청에 요구했다. 구청은 우선 100만 파운드(약 15억 원)를 주겠으니 사업을 제대로 수행할 법률가, 회계사 등을 구해 오고, 더 필요한 것이 있을 때 100만 파운드를 더 지원하겠다고 약속했다. 파격적인 결정이었고 단순히 구청장 한 사람의 의지보다는 킹스 크로스 개발이 정치적 이슈로 부각했기에 지역 정치인들의 합의와 지원이 있어 가능했다.

유연성을 갖기로 했기에 완전히 색다른 계획이 들어와도 한계 설정을 넘지 않는 선에서 수용해 나갔다. 그러다 보니 개발업자가 할 수 있는 것과 구청에서 요구하는 것 사이에 상충되는 면이 많았다. 개발업자는 중간 정도에서 절충한다는 기준을 갖고 있었지만, 더 이상 물러날 수 없는 법정 한계선도 있었다.

킹스 크로스와 세인트 판크라스 역세권 도시재생사업은 중앙정부, 지방정부, 지역사회, 개발업자 간의 긴 논의, 협상, 대립의 과정이었으며 경제적, 정치적 환경에 따라 많은 변화를 겪었다. 다만 기본계획이 유동적이어서, 시장의 요구와 상황, 법규 그리고 사람들의 생활과 이용방식에 따라 계획에 변화를 주며 진행해 온 것이 특징이다. 결론적으로 킹스 크로스 재생사업은 빅토리아 시대의 구조물을 복원하고 재단장하는 동시에 새로운 현대 건축물을 건설하며 옛것과 새로운 것이 조화를 이루며 진행되고 있다.

■ 도시재생 기본계획 수립 여정

2001년에 시작해서 원칙, 목표, 정책 세 가지 주제를 두고 6년 동안 지속적으로 토론한 결과 합의 내용이 나왔다. 2001년에 개발업체로 선정된 아젠트 대표와 함께 공무원에게 합의 과정을 되돌아볼 수 있는 공개 회의록과 문서를 만들어 미디어로 홍보하고 공고했다. 이는 시작하려는 사업에 대해서 어떠한 경로를 통해서라도 의견과 우려를 나타내는 사람을 언제 어디서든지 만날 수 있다는 공고였다. 그 후로 많은 사람이 토론하기를 원했고, 그때마다 구청과 개발업자가 따로 토론 결과를 보고서로 만들어 공개하면서 사회적 합의를 이어갔다. 1년 동안 만난 사람이 30,000여 명이나 되었다. 이 과정을 통해 정치적인 지지뿐만 아니라 지역 주민의 지지와 지원도 받을 수 있었다.

보고서에는 어떤 건물이 들어서고 어떤 공간을 만들지에 대한 계획을 담는 것이 일반적이지만, 아젠트는 원칙과 비전, 가치만을 담은 보고서를 출간했다. 구청, 주민, 개발회사가 합의해서 10개 규칙을 만들었으며, 이후 합의된 것들이 이 원칙에 준하는지 세세하게 모니터링하고 평가하는 것에도 합의했다.

이후로는 주민과 함께 재생이 끝난 지역을 방문하면서 킹스 크로스 지역 전체 개발이 끝났을 때 과연 어떤 모습이 나올지를 함께 상상했다. 그러면서 구청과 개발업체는 주민 의견을 경청했다. 의견을 듣는 방법은 다양했다. 젊은이와 노인, 이민자의 의견도 듣고 초등학교에 가서 어린이 의견도 들었으며, 아이스크림 차를 운영하며 의견을 주면 아이스크림을 제공하는 이벤트도 펼치는 등 다양한 의견 수렴 창구를 마련했다. 마스터플랜이 완성된 6년 동안 353회 이상 미팅이 열렸고 약 30,000명이 참가했다.

■ 시민 참여가 만든 가치

이러한 과정을 통해 얻은 것은 첫째, 정치적 반대 목소리가 생기지 않았다는 점이다. 주민 반대가 커지면 정치적으로 이용되는 경우가 많은데 킹스 크로스 사업의 경우 정치적 쟁점이 되는 경우가 없었다. 두 번째는 개발업자와 구청이 주민과 소통하다 보니 주민이 필요로 하는 것을 많이 알게 되었고, 이런 내용이 상세 계획에 반영되었다.

주민 의견은 여섯 주제로 나뉘었다. 저렴한 주택, 일자리와 취업률을 높일 수 있는 방안, 양질의 열린 공간, 산업유산 보존, 환경보전, 수영장이나 레저센터 등 주민이 사용할 수 있는 여가 공간 확보였다. 제한 없이 누구나 이용할 수 있는 공공 공간을 많이 원한다는 것을 알 수 있었다. 이외에도 환경을 위한 고민도 많아서 풍력을 비롯해 에너지를 효율적으로 이용할 시스템을 만드는 계기가 되었다.

결국 2006년 12월에 최종적 계획에 합의했다. 주요 내용은 주택 60%를 저렴한 주택으로 만들고, 남아 있던 문화유산 4개 중 3개를 보존하기로 했다. 그리고 개발업자가 새 학교와 수영장, 유치원을 제공하기로 했다. 물론 개발업자가 좋은 일만 한 건 아니다. 수입을 위해 상업용 건물을 만드는 것도 계획에 포함되었다.

법적으로 합의된 문서도 만들었으며 여기에는 개발업자가 원하는 것도 정확하게 명시했다. 또 개발업자와 주민이 함께 개발 후에 16살이 될 신생아의 삶을 위한 기금을 만들었으며, 나중에는 교육기관과 공공기관 등도 이에 동참했다. 또 다른 지역 기금도 만들었다. 이 기금은 개발자와 지역 주민이 공동 투자한 것으로 지역 주민에게 소액 융자를 하는 것이 목적이었다. 대규모 재개발 과정에서 공식적인 계획안에 이런 프로그램을 포함한 것은 최초였다.

초등학교, 중·고등학교에도 새로운 기반이 형성되었고, 주민이 건설 현장에서 일하기를 원하는 경우에는 개발회사가 직접 만든 취업 교육프로그램으로 교육했다. 개발사가 직접 자금을 지원하는 것이 아니지만 취업 기회를 제공하고 지역사회 기업에게도 함께 일할 수 있는 기회를 준다는 점에서 의미가 있다.

■ 킹스 크로스 역세권 재생사업 성과

개발지역을 구역으로 나눌 때 격자 형태로 구분하고자 했다. 역사가 있는 지역은 기찻길에 따라 방사형으로 되어 있고, 산업유산 건물도 대부분 역사 주변에 부채꼴로 위치해서 격자 모양으로 나누기가 어려웠다. 도시계획자들은 문화유산을 보존하는 도시가 도시로서 기능도 잘하리라 생각했기에 그것을 고려한 조감도를 만들었다. 문화유산 반대쪽의 앞부분은 상업용지로 상점이나 레스토랑을 놓고 그 뒤쪽에 주택을 배치했다. 그리고 밤에 활성화되는 지역도 만들었다. 킹스 크로스 역과 세인트 판크라스 역에는 공공 공간을 배치했다. 또한 산업혁명 시대의 건물을 유지보수해 런던 예술대학교[20]가 캠퍼스[21]로 사용하도록 했고, 뒤쪽에는 예전에 철도청이 사용하던 건물을 수리해서 레스토랑이나 상점이 입점하도록 했다. 또한 19세기에 사용했던 가스터빈과 운하 옆에 있는 인도, 그 앞 공원은 그대로 남겨 두었다. 이곳으로 캄덴 구청이 옮겨오고, 캄덴 구가 운영하는 수영장도 개장했으며 초등학교와 에너지 센터도 들어오게 되었다.

이러한 도시재생사업을 할 때 사람들은 보통 부동산 개발업자나 민간기업이 지나치게 수익을 챙기지 않을까 걱정한다. 킹스 크로스의 경우도 마찬가지였지만 다행히 건축회사의 모회사가 연금회사이

---

20 런던 예술대학교(University of the Arts London, UAL). 1986년 총 5개 예술대학, 센트럴 세인트 마틴 칼리지 오브 아트 앤 디자인(Central Saint Martins College of Arts and Design), 캠버웰 칼리지 오브 아트(Camberwell College of Arts), 첼시 칼리지 오브 아트 앤 디자인(Chelsea College of Art and Design), 런던 칼리지 오브 커뮤니케이션(London College of Communication) 그리고 런던 칼리지 오브 패션(London College of Fashion)으로 설립된 런던 인스티튜트(London Institute)가 2004년 런던 예술대학교로 명칭을 바꾸면서 지금에 이르렀음. 이후 2006년 윔블던 칼리지 오브 아트(Wimbledon College of Art)가 런던 예술대학교에 합류해, 현재 총 6개 칼리지로 구성되어 있음.

21 센트럴 세인트 마틴 칼리지 오브 아트 앤 디자인(Central Saint Martins College of Arts and Design)은 1854년에 세워진 세인트 마틴 스쿨 오브 아트(Saint Martins School of Art)와 1896년에 세워진 센트럴 스쿨 오브 아트 앤 디자인(Central School of Art and Design)이 1989년에 합병된 것임. 1963년에 세워진 드라마 센터 런던(Drama Centre London)이 1999년, 1910년 세워진 바이암 쇼 스쿨 오브 아트(Byam Shaw School of Art)가 2003년에 센트럴 세인트 마틴으로 합병되었음. 1986년 이후부터 세인트 마틴 스쿨 오브 아트와 센트럴 스쿨 오브 아트 앤 디자인은 모두 이너 런던 에듀케이션 어소리티(Inner London Education Authority)가 설립한 런던 인스티튜트(London Institute)의 소속이었음. 2004년에 런던 인스티튜트가 런던 예술대학교로 이름을 바꾼 뒤 현재까지 여기에 소속된 6개 칼리지 중 하나로 킹스 크로스 재개발지역 내 역사 건물을 리모델링해 사용하고 있음.

킹스 크로스 그래너리 스퀘어

기 때문에 단기 수익보다는 장기 수익을 추구하는 성향이어서 그런 우려를 떨칠 수 있었다. 킹스 크로스 재생사업에서 장기 수익이란 용적률이 좀 낮더라도 양질의 건물과 더 넓은 오픈 공간을 포함한 환경을 만들면, 건물 가치가 상승하며 지속적인 자연 이익이 발생한다는 것이다.

　그것은 곧바로 증명되었다. 산업유산을 제대로 보존하고, 유명 대학도 유치하며, 양질의 공공 공간을 제공함으로써 벌써 킹스 크로스 지역이 런던에서 가 볼 만한 지역으로 소문나고 있다. 2006년 이 계획을 세울 무렵 런던에서 금융권이 위치한 가장 비싼 지역의 임대료가 제곱피트당 48파운드였고, 개발업자는 이 도시를 재생하면 임대료를 32파운드 정도 받을 수 있다고 예측했다. 2006년 1차 계획이 끝나고 새로운 계획이 시작되었는데 2007년 금융위기가 왔다. 그런데도 임대료는 계속 올라 2015년에는 55파운드가 되었다. 개발업자의 예상을 훨씬 웃돈 것이다. 그동안 건축된 임대용 건물이나 상업용 건물 가격이 많이 상승했고, 최근에는 구글의 유럽 본부 사무실이 이쪽으로 올 계획이라고 발표했다.

킹스 크로스 개발의 또 다른 특징은 건물 하나하나를 서로 다른 복수의 건축회사가 짓게 해 각각 개성이 다른 건물을 짓게 한 점이다. 건물마다 옥상 정원을 만들었고, 대학교 앞의 공공 공간은 명소가 되어 많은 사람이 찾고 있다. 특히 런던 예술대학교가 들어온 건물은 옛 기차역의 하적창고 건물을 훌륭하게 복원해 현대적 기능을 더한 성공작 가운데 하나로 인정받는다.

킹스 크로스 역사는 기존의 벽돌 구조를 그대로 남기고 측면에 철골 구조와 유리로 덮인 거대하고 현대적인 대합실을 부착하는 방식으로 새롭게 재생했으며, 런던 예술대학교가 입주한 그래너리 건물의 경우 유리, 철골, 철근 콘크리트를 적절히 사용해 현대적인 느낌으로 리모델링했다.

아직 개발이 진행되지 않은 가장자리 지역에는 가건물 카페를 들

---

22 스킵 가든(Skip Garden): 커다란 쓰레기 덤프 통에 만든 이동식 정원으로 킹스 크로스 공사 현장 내 비어 있는 부지를 옮겨 가며 삭막한 공사현장의 오아시스 역할 및 주민 공동체 형성에 기여하는 공간으로 운영되고 있음. 공사 과정을 누구나 볼 수 있도록 간이 전망대까지 설치되어 있음. 개발사 아젠트는 지역의 환경운동 시민단체에게 스킵 가든 운영권을 주고 운영 자금을 지원해 이곳에서 지역 주민과 함께 다양한 환경 교육 프로그램을 진행하고 있음 .

여 분위기를 활발하게 만들었다. 그 옆에는 컨테이너로 스킵 가든[22]을 운영하는데 이미 명소로 입소문이 돌고 있다. 런던 예술대학교가 입주하고 얼마 뒤에 광장 분수대를 완공했으며, 이어서 새로운 도로, 공원, 광장, 레스토랑, 바, 업무시설이 들어섰다. 그리고 4개 동으로 나뉜 아파트에 주민이 입주했다. 앞으로 새로운 건물 50개, 쇼핑 쿼터, 34만 제곱미터에 이르는 업무시설, 10만 500제곱미터에 이르는 열린 공간, 새 도로 20개, 공원과 광장, 교육 및 문화 시설 10여 개가 더 들어설 예정이다.

킹스 크로스 재생사업은 경제기반형 도시재생사업의 방향과 원칙을 가진 유럽 최대의 도심 재개발사업으로 역세권의 이미지 개선과 지역경제 활성화를 목표로 하지만, 공공 공간 조성, 임대주택 건설 등 장기적인 관점에서 수익을 고려하고 지속가능한 지역사회를 만들고자 했다. 재개발 과정 원칙과 계획 내용 등을 정리해 1997년『Emerging Principles(새로운 원칙)』를 발간했으며 2001년에는 『Principles for a Human(인간을 위한 원칙)』을 발간했다.

앞서 언급한 대로 재생사업이 진행되는 15년 동안 중앙정부, 지방정부, 지역사회, 개발업자 간의 긴 논의와 협상, 대립 과정을 겪었다. 또한 민간 개발업자로 아젠트가 선정된 이후 6년 동안에도 수많은 토론과 타협의 시간이 있었다. 이와 같은 소통 과정을 통해 초기 계획을 개선하고 발전시킬 수 있었지만 아쉬움도 있다. 다른 프로젝트와 비교했을 때 이 사업에서는 기대보다는 주민이 주도하는 활동이 잘 보이지 않았다. 아마도 대규모 프로젝트여서인 듯한데, 앞으로 더 고민하고 해결할 과제다.

[주요 질의응답]

피터 비숍(런던 대학교 석좌교수)

Q 개발회사는 보통 수익을 따지는데, 민간기업이 공공을 위한 이해 도가 높았던 점이 특이하다.

A 이번은 특수한 경우였다. 아젠트 사는 민간 개발업자임에도 장 기간에 걸쳐 수익을 가져가는 것에 대한 이해가 탁월했다. 그러 나 6년 동안 기본계획을 실제 만들어 가는 과정에서 정말 많이 논쟁했고, 수많은 토론과 타협의 시간이 있었다. 그리고 그 시간 동안 주민과 소통했다. 가면 갈수록 계획이 개선되고 나아졌다.

Q 장기 이익을 예측해 개발회사가 건물을 많이 짓는 것을 포기한 것이 인상적이다. 공공 공간을 많이 조성했는데 회사 입장에서 장기 이익이란 어떤 것인가?

A 개발회사는 2035년 완공 예정인 프로젝트의 수익성을 어떻게 지 금 계산할 수 있겠냐는 입장이었다. 좋은 환경과 건물이라면 당 연히 건물 값과 임대료가 오르고, 나중에 수익이 발생할 것이라 고 전망했다.

Q 재개발사업의 특성은 자본 이익을 극대화하며 거주민이 쫓겨나 는 것이 대체적 양상이다. 킹스 크로스 개발에서는 저소득층 주

민을 위한 저렴한 주택 60%를 확보했는데, 기업의 윤리와 도덕성으로만 될 수 있는 상황은 아닐 것 같다. 어떻게 이게 가능했는가?

A 마치 이 회사가 아주 착한 것처럼 보이겠지만, 사실 뒤에 더 강력한 법적 요건이 있었다. 중앙정부가 만든 도시계획 정책이 있는데 예를 들면, 주택단지를 만들 때는 일정 비율 이상 저렴한 주택을 만들도록 정해져 있다. 또한 영국에는 공정함을 많이 따지는 문화와 성격이 있다. 어떤 관계자라도 공정하지 못하면 바로 법적 제제가 뒤따른다. 회사는 이런 걸 지키고자 노력을 한 것이지 단순히 선의만은 아니다.

Q 전체적으로 런던 중심부는 오래된 건물과 인도를 유지하고 있어서 도로가 좁다. 길과 골목을 보존하고자 그런 것인가? 킹스 크로스 부지 중간에 관통 도로를 내면 편할 텐데 왜 고려하지 않았나?

A 런던 시는 도로가 적으면 차도 많이 오지 않을 것이라는 간단한 원칙을 만들었다. 1960년대 차가 급증하며 도로를 많이 만들자고 했으나 큰 논쟁이 벌어졌으며 지금도 시내 중심부인 1번 존(Zone 1)에 들어올 때 혼잡료를 물고 있다. 건물에는 주차공간이 별로 없어서 런던에서 주차하려면 하루에 100파운드(약 15만원) 이상이 든다. 새로 재개발된 킹스 크로스에도 주택 2,000세대에 주차는 1,000세대 정도만 허용하고 있다. 주차공간도 걸어 나가야 하는 떨어진 곳에 있다. 여기 거주하는 분들은 멀리 주차장에 가느니 앞에 있는 지하철역에 가는 것이 낫다고 생각한다. 런던 도시정책에서 가장 잘한 것은 자동차에 대한 아주 엄격한 규칙

을 적용한 것이라고 생각한다.

Q 그런 정책을 편 이유는 환경문제 때문인가? 대중교통에 자신이 있어서인가? 배경이 궁금하다.

A 대중교통이 잘 되어 있다.

Q 한국 같은 경우, 도로를 새로 만드는 편이지만, 런던은 몇백 년 전 도시체계를 수용하며 가는 것 같다.

A 앞에 설명한 것과 같은 이유다. 옛 체계 그대로이고, 도심에서는 새로운 길을 만들지 않는다. 런던 시와 중앙정부는 지난 15년간 대중교통, 버스, 자전거, 인도에 많이 투자했다. 어쨌든 계속 도로를 개설하면 차는 많아진다. 이러한 원칙을 고수한다.

Q 샤드(The Shard)[23] 분양이 안 되었다고 들었다. 킹스 크로스는 점이 아니라 큰 면이다. 런던 시 전체 상권에 영향을 크게 미칠 것 같다. 도심 상권이 이리로 이동될지도 모르는데, 이런 문제에 대해 어떻게 생각하는지?

A 런던은 지금 공간이 부족한 상태라서 그런 것이 큰 문제는 아니라고 본다. 킹스 크로스 주변 땅값이 올라가고 있는데, 어떤 면에선 좋고 어떤 면에선 안 좋은 일이다. 그러나 전반적으로 좋게 생각한다. 못사는 지역이었는데, 개발을 통해 새로운 자금과 사람이 들어와 활기차졌기 때문이다. 15년 전 이곳은 마약 거래상, 매춘부가 많은 곳이었다. 활기가 생기면서 그런 사람들이 많이

---

23 이전에 런던 브릿지 타워(London Bridge Tower)로 불렸던 72층 피라미드 형 건물로 런던에서 가장 높은 건물임. 2013년에 완공했음.

킹스 크로스 역세권 재생사업을 설명하는 피터 비숍 교수

떠났다. 신규 개발지역이 아닌 주변 지역도 온기가 돌고 있다.

Q 킹스 크로스를 보면 대부분 공공 토지를 이용하고, 개발업자에게
저렴하게 토지를 제공해 그 토지로 재개발하도록 한 것으로 보인
다. 그러나 많은 지역에서는 사유지를 대상으로 재개발해야 하는
곳이 있다. 런던도 사유지를 갖고 개발하는 방식이 있는가?

A 사유지인 경우가 꽤 많다. 킹스 크로스는 정부에서 토지를 싸게
제공했는데, 원래 그 가치가 12,000파운드(약 180억 원) 정도였
다. 철도 회사에 할인해서 넘겨줬다. 먼저 무상으로 넘겨주고 개
발하며 이익을 내면 원금만 상환받는 조건이었다. 무이자로 준
것이지 원금을 깎아 준 것은 아니다. 그렇다고 이런 일이 일반적
이지는 않다. 시청, 중앙정부가 땅을 준 경우는 없고, 사유지에
대해 하나씩 협상하고 개발하는 방법이 더 많다. 단지 이곳은 유

로스타 신역사 건축이라는 국가개발사업의 일부로 개발되었기 때문에 중앙정부가 저렴하게 토지를 제공한 것이다.

Q 런던 예술대학교가 어떻게 여기로 들어오게 되었는가?

A 사람들이 반신반의하던 초창기에 대학 유치가 성사되었다. 그때 대학이 미래를 보는 눈이 있어서 가치를 알아본 것 같다. 대학은 6곳에 있는 캠퍼스를 한 곳에 모으려는 열망이 있었다. 개발사도 예술대학교가 오면 전체 지역에 창조적인 분위기가 만들어지고 여러 이벤트와 프로그램이 생길 것이라 믿었다. 상호 요구사항이 맞았다. 이후 구글도 이곳을 창조적인 공간으로 판단하고 들어오기로 했다. 초창기 이런 결정이 오피스 공간과 상가에 많은 세입자를 끌어오는 계기가 되었다.

▌정책 착안사항

서울 용산역 재개발 프로젝트 같은 대규모 개발 또는 재생사업의 경우, 다양한 이해당사자가 있고 각 그룹의 이권 갈등이 있어 문제를 해결하기 어렵다. 그렇기 때문에 킹스 크로스 역세권 개발에서와 같이 사업 초기 단계에서 여러 주체가 모여 장기적인 비전과 원칙을 함께 정할 필요가 있다. 그래야 갈등과 문제가 발생하더라도 이 원칙에 입각해 문제를 해결해 나갈 수 있다. 특히 이미 만들어진 마스터 계획에 대한 찬성과 설득보다 후에 모든 이해관계자가 쉽게 동의할 수 있는 마스터 계획을 만들려면 마스터 계획 이전의 비전과 원칙 수립에 충분한 시간과 노력을 투자하는 것이 중요하다.

도심 지역 내 차량에 따른 도로 혼잡을 막고, 역사문화재 보호, 보행자 권리를 확보하려면 도심 내 차량 제한 정책을 강화할 필요가 있다. 도로 혼잡을 막고자 더 많은 도로와 주차장을 건설해야 한다고 주장하는 사람이 있으나 도로 신설은 더 많은 차량 통행을 유도한다는 연구 결과가 있다. 이에 따라 도심 내 도로 신설을 막고, 보행자 도로를 확대하며, 차량을 제한하는 규칙 등을 적용할 필요가 있다. 이는 반드시 잘 작동하는 대중교통 체계가 함께 갖추어질 때 효과를 볼 것이다.

국내에서는 사업 과정보다는 결과를 중시하다 보니 그 과정이 의미 있고 가치가 있어도 제대로 정리하는 경우를 찾기가 힘들다. 킹스 크로스 재생사업의 예에서와 같이 개발 과정 원칙을 담아 책자로 정리하면 시민과 여러 이해당사자에게 약속한 원칙을 공론화해 보여 줄 수 있다. 이는 후속 사업을 진행할 사람들과 연구자에게도 큰 도움이 될 것이다. 또한 어떤 논의를 거쳐서 합의된 것인지 근거 자료가 모두에게 공유된다면 지속적으로 재개될 수 있는 후속 갈등에도 더욱 원만한 이해와 합의를 끌어낼 수 있을 것이다. 무엇보다도 중요한 것은 특히 이러한 이해관계자 간의 대화와 협의, 그 과정의 공개라는 과정을 주도하는 리더십은 주로 공공이 보여 주어야 한다는 것이다. 공공기관은 말 그대로 공동체를 위해 존재하는 기관인 만큼, 개발사, 지역 주민 사이의 갈등을 중재하고 전체 공동체의 이익을 위해 비전을 제시하고 흔들림이 없도록 중재를 해야 한다. 이러한 공공의 주요 역할은 킹스 크로스 사업에서도 잘 확인되었다.

킹스 크로스 재생사업 지역 이모저모

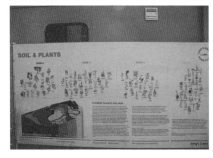
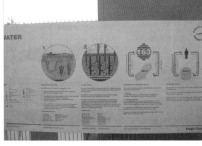

템스 강변
재생사업

템스 강변 재생사업은 주변 지역과의 상생을 모색한 도시재생사업으로 이미 발전된 템스 강 북쪽 지역과 새로 재생하는 남쪽을 밀레니엄 브리지로 연결해, 템스 강 북쪽에 집중된 거주자 및 관광객을 남쪽으로 유인할 뿐만 아니라 지역 간 균형 발전을 도모하고자 기획되었다.

테이트 모던 미술관(Tate Modern Museum), 밀레니엄 브리지 (Millennium Bridge) 등 공공이 시행한 도시재생사업과 코인 스트리트 (Coin Street), 옥소(OXO) 타워 등 지역사회가 주도한 도시재생사업이 강변 산책로를 통해 공간적으로 연결되어 있다.

오래되고 용도를 다한 건축물을 단순히 철거하는 게 아니라 리모델링해서 다른 용도로 사용하는 재생사업이란 점이 특색이다. 화력발전소를 테이트 모던 미술관으로, 창고를 상업, 문화, 주거시설인 옥소 타워로 바꿔 사람들의 흥미를 유도하고 특색 있는 분위기를

테이트 모던

자아냈다. 또 지역이나 건물이 지닌 역사적인 측면을 유지하면서 새로운 가치를 부여하고, 강변 모양, 건물 형태 등을 유지하면서 문화와 예술성을 부여했다. 템스 강변 재생의 경우 흩어진 점으로만 존재하던 여러 공간을 보행자 다리, 강변 산책로 같은 선으로 연결해 공간 이용률을 크게 상승시켰다.

템스 강 남쪽 강변에는 지역사회가 주도한 도시재생 사례로 코인 스트리트가 있다. 지역사회를 위한 '사회적 목적'과 사회적기업을 유치하고자 하는 '상업적 목적'을 동시에 성공시킨 사례로 주민이 주체가 되어 쇠락한 공장 부지를 임대주택, 상점, 카페 등으로 재생했다.

런던 시에서 불하받은 국공유지에 지역사회를 위한 임대주택, 공원, 강변 산책로 같은 공공시설과 고용창출을 위한 상업시설 및 복지시설을 개발, 운영해 수익을 창출하고 이를 지역사회를 위한 사회복지 서비스에 재투자한다. 토지를 비영리로 사용할 경우, 교환가

템스 강변 도시재생을 설명하는 피터 비숍 교수

템스 강변에 위치한 야외 레스토랑

치가 아닌 사용가치로 매각할 수 있도록 하는 영국의 선도적 도시계획제도에 영향을 받은 사업이다.

도시 사회운동의 선구적 경험이 있는 민간 및 전문가 단체와 협력과 연대한 점도 주목할 만하다. 지금도 런던 시 및 구청이 주변 지역에 대한 개발사업이나 프로젝트를 진행하고자 할 때 사우스뱅크 고용주 그룹(Southbank Employees Group)이라는 민간 단체와 협의한다. 이 단체는 사우스뱅크에 사업장이 있는 주요 고용주인 코인 스트리트 커뮤니티 기업, 국립극장, 쉘, 사우스뱅크 센터 등의 지역 포럼으로 지역구 의원, 공무원도 참여해 이 지역의 지속적인 마케팅, 개발, 정비, 주민생활 개선 프로그램 등을 마련하고 운영한다. 이 그룹이 중점을 둔 것은 공공 공간을 주민과 이 지역에서 일하는 사람

계단 없이 자연스럽게 보행자 도로로 연결된 밀레니엄 브리지

템스 강변에서 바라본 스카이 가든

테이트 모던에서 바라보는 밀레니엄 브리지와 세인트 폴 대성당

옥소 타워 상가 입구

더 샤드

들을 위한 쾌적한 장소만이 아니라, 지역을 방문하는 관광객에게도 홍보할 수 있는 곳으로 만드는 것이었다.

■ 코인 스트리트 재생사업의 탄생[24]

코인 스트리트 재생사업의 일부는 사회적기업인 코인 스트리트 커뮤니티 빌더스(Coin Street Community Builders, CSCB)라는 주로 부동산 임대업을 하는 커뮤니티 기업이 진행한다. 이 기업은 1984년에 설립되었으며 런던 중심부에서 매입한 토지 5제곱킬로미터를 기반으로 지역(local)보다 더 작은 마을(neighborhood)을 기반으로 사업을 진행하며, 이를 통해 얻어지는 수익을 임대사업에 재투자하거나 지역 주민을 위한 다양한 복지 프로그램을 진행하고 저렴한 협동조합형 주택을 제공한다.

코인 스트리트가 지금은 런던의 중심부에 있지만, 1900년대 초반 산업혁명으로 도시에 많은 인구가 유입될 때는 빈곤 노동자들만 정착했던 일종의 도심 외곽 빈민 지역이었다. 2차 세계대전 이후 폭격으로 허물어진 집이 많았다. 1900년대 초반에는 주민이 최고 50,000여 명까지 살았는데, 폭격 이후에는 5,000여 명까지 감소했고, 학교나 상점 같은 공공서비스 부분도 얼마 남아 있지 않았다.

1970년대 중반 이 지역에 대해 런던 시 재생계획이 공고되면서 부동산 개발업자들이 낸 조감도에는 템스 강변 코인 스트리트에

24　크리스틴 체코브스키(코인 스트리트 그룹 디렉터실 프로젝트 팀장) 강연. 2015. 8.

14~16층 규모 주상복합 건물을 세우는 것이었다. 반면 이 지역 주민은 코인 스트리트 커뮤니티 액션 그룹이라는 모임을 결성하고 시 계획에 반대하는 캠페인을 벌였으며, 더 나아가 스스로 재생계획을 만들어 런던 시에 제출했다. 계획안에는 강변으로 접근할 수 있는 보행로, 주거지역, 주민이 같이 공유하는 열린 공간 등이 제시되었다.

이 계획안이 제출되었을 때 런던 시, 람베스 구, 서덕 구는 개발 사와 주민의 제안 어느 쪽도 지지하지 않았다. 게다가 개발 대상 토지의 절반은 런던 시, 나머지 절반은 부동산 개발업자 소유였다. 런던 시는 주민의 계획안과 부동산 개발업자의 계획안을 놓고 공청회를 열자고 제안했으며, 1979년에서 1983년까지 두 계획안을 평가하는 공청회가 열렸다. 처음에 제출했던 양측의 계획안이 공청회에서 모두 거부되어 다시 계획안을 제출하도록 했다. 양측의 두 번째 계획안은 모두 타당했지만, 지리한 공방으로 개발 시기가 지연되자 개발사가 자신들의 계획을 포기했다. 부동산 개발업자들은 코인 스트리트 커뮤니티 액션 그룹의 캠페인이 10년간 지속되자 다른 곳으로 눈을 돌리는 게 낫다고 판단한 것이다. 부동산 개발 전문성이 부족한 지역 주민들이 개발사와 대등하게 맞서 새로운 개발안을 지속적으로 제안할 수 있었던 배경에는 이 사안을 전국적으로 이슈화한 후 많은 전문가(건축가, 법률가, 회계사 등)의 지지를 받아 설득이 되는 개발계획을 만들어 낼 수 있었기 때문이다. 또한 당시 새롭게 당선된 코인 스트리트 출신 시의원도 정치적으로 런던 시를 압박하는 역할을 했다. 결과적으로 커뮤니티 액션 그룹의 계획안으로 확정되었다. 주민 계획안 채택 이후에도 코인 스트리트 개발 지역의 토지를 반이

코인 스트리트

코인 스트리트 주민 센터

나 소유한 부동산 개발업자의 토지에 대한 결정이 필요했는데, 이들은 보유한 토지를 런던 시에 매각하면서 이 문제는 해결되었다.

결국 1984년에 CSCB가 만들어지고 런던 시가 부동산 개발업자들에게서 매입한 토지를 CSCB가 다시 런던 시로부터 매입했다. 토지 매입에 필요한 자금은 은행에서 모기지 융자를 받아 마련했다. CSCB는 주민을 위한 임대주택, 상업용지의 임대수익으로 융자금을 갚겠다는 방안을 제출해 심사를 통과했다. 이때 빌린 융자금은 100만 파운드(약 15억 원)였다. 당시 코인 스트리트를 둘러싼 논쟁이 전국적 이슈로 떠올랐기 때문에 땅 매입은 전국 뉴스에 헤드라인으로 나오기까지 했다.

■ 사회적기업의 도시재생사업

임대 수입을 위한 상업 용도도 필요하지만, 더 중요한 것은 새로운 주택과 주민이 쉴 수 있는 열린 공간 조성 등 사업에 동참한 주민에게 쾌적한 주거환경을 제공하는 것이었다.

코인 스트리트에는 이런 저런 주택과 상업건물 등이 들어왔다. 융자받은 돈으로 한 번에 만든 것이 아니라 하나씩 하나씩 만들어나갔다. 1984년에 우선적으로 조성된 것은 일부 주택과 그 주변 녹지 공간이었다. 현재 서로 다른 주택단지가 4개 있고 이는 주택협동조합 형태로 운영된다. 이 주택을 지으면서 협동조합 형태로 운영하기로 한 이유는 입주민이 스스로 집을 책임지고 관리하도록 하고 싶었기 때문이다.

양조장 건물을 리모델링한 옥소 타워

재생한 뒤에도 옛 흔적이 남아 있는 옥소 타워

첫 번째 주거 프로젝트는 1988년 완공되었다. 멀버리 하우징이라고 불리었으며 침실이 3~4개 있는 가족용 주택이었다. 두 번째 주거 프로젝트는 건축가를 공모해 건축미적 요소를 고민했던 주거

옥소 타워

단지였다. 정원이 딸린 주택과 정원이 없는 아파트가 혼합된 형식을 시도했다. 세 번째 주거 프로젝트는 주택과 상업용지가 혼합된 단지였다.

세 번째 주거 프로젝트에서 지어진 건물은 옥소(OXO) 타워로 1995년에 완공했다. 1, 2, 3층에는 레스토랑과 상점이 입주했으며, 중간층에는 임대주택 78세대가 들어섰다. 옥상에도 레스토랑이 입점했고 템스 강이 내려다보이는 곳이라 인기가 매우 높았다. 임대주택은 비교적 임금 수준이 낮은 사람만 조합원으로 받아 입주시켰는데, 옥상의 레스토랑과 저층의 상가는 시장가로 임대료를 받아 운영된다. 딱히 지역 주민을 위한 용도로 사용되지 않고 수익을 내는 고급스러운 공간을 만든 것에 논란이 일기도 했다. 어떻게 커뮤니티 기업이 이러한 상업용 임대 비즈니스를 운영하는가에 대한 의구심이었다. 한편으로는 이런 아이디어는 당시에는 흔하지 않았던 지역기업의 새로운 비즈니스 모델을 보여 주는 무척 창의적인 예로도 여겨졌다. 왼쪽 사진에서 세로로 OXO 글자가 보이는 곳은 상업용 건물이며, 그 뒤가 주거용 건물이다. 한때는 옥소(OXO) 타워는 런던에서 가장 높은 건물로 관광 명소였으나, 지금은 높은 건물이 늘어 고층이라는 이유로 명소로 꼽히지는 않는다.

그 이후 네 번째 주택단지를 만들었다. 이전 프로젝트와 다른 점은 가족을 고려한 규모가 큰 주택이라는 점이다. 전체 32세대였으며 침실이 5개까지 딸린 집으로 수요가 아주 많았다. 이 프로젝트로 대가족도 입주할 수 있는 환경이 되었다. 역시 이 주택단지도 주택협동조합 형식으로 관리되고 있다.

■ 코인 스트리트 재생사업의 도전

1999년 사우스뱅크 고용주 그룹은 지역 주민과 지역에서 일하는 사람들을 상대로 그들이 바라는 것이 무엇인지 설문조사를 실시했다. 그 결과 가장 필요한 것은 세 가지로, 저렴한 보육시설, 수영장을 포함한 저렴한 레저 센터, 취업교육 프로그램 운영이었다.

그런 주민의 요구에 따라 임시 보육시설과 수영장을 만들었고, 2008년에 주민 센터로 재건축하며 이 시설을 상설 운영하게 되었다. 센터에는 임대수익을 내는 공간도 있어 1층에는 레스토랑이 입주해 있다. 센터는 가족 상담, 청소년 교육 프로그램 등을 운영하며, 관할 구청인 람베스 구와 서덕 구가 파트너십을 맺어 운영하는 프로그램도 많다.

현재는 향후 10년을 대비한 계획의 일환으로 스포츠 센터 건립을 추진한다. 지금은 CSCB가 보유한 아파트를 팔아 마련하고, 스포츠 센터와 주거를 결합하는 타워 형태를 구상하고 있다. 보통 스포츠 센터 같은 공공시설은 구청에서 건축하고 운영하지만, 이곳은 구청에서 감당할 예산이 확보되지 않아 지역 주민이 나서게 되었다. 계획안은 이미 나와 건축 허가를 받았다.

또한 자투리땅을 활용해 만든 건물에 유명한 현대 댄스 컴퍼니가 입주했고, 임시 상가 건물에는 레스토랑이 입주했다. 이곳들은 모두 CSCB에 임대료를 내고 있다. CSCB는 이렇게 하나씩 하나씩 필요한 것을 만들어 간다.

[주요 질의응답]

크리스틴 체코브스키(코인 스트리트 그룹 디렉터실 프로젝트 팀장)

Q 임대주택이나 복합용도 건물은 정부에서도 운영이 안 되어 포기하는 측면이 있다. CSCB도 건립은 가능했겠지만 운영과 유지관리는 쉽지 않았을 것 같다. 어떤 방식으로 운영했는가?

A 처음 시작했을 때는 순수한 주민 중심으로 진행되어서 전문적 지식이 전혀 없었다. 주민의 계획이 통과되고 이 지역을 만들어 가는 데 14년이 걸렸다. 캠페인과 논쟁이 있을 때마다 공감하는 전문가나 다양한 분야 사람이 한두 명씩 참여했다. 현재 이사회 멤버는 주민과 전문가가 반반씩 섞여 있는데, 비용을 받지 않고 조언해 주는 자원봉사자가 많다. 자문 그룹은 변호사, 회계사, 건축가로 구성되어 있다. CSCB 취지에 공감해서 결합한 경우도 있고, 고용한 경우도 있어서 수준 차이가 다양하다. 모르는 영역 사업을 시작할 때는 대개 조인트 비즈니스로 시작했다. 그러다 전문가의 조언을 받으며 내부 역량이 성장하면, 외부 전문가는 빠지고 스스로 사업을 이끌며 조직 역량을 강화했다. 그래도 무엇보다 여러 분야의 전문가 파트너를 잘 조직하고 이끄는 조직 리더의 역량이 크다. 즉 CSCB 대표의 역량이 매우 중요하게 작용했다.

Q CSCB도 초창기에는 사업을 진행하는 게 어려웠을 것 같다. 한국의 경우에 적용하려면 초창기 인지도 부족으로 많은 어려움을 겪는다. 초창기 어려움을 어떻게 극복했는지를 참고해야 할 듯하다.

A 의외로 초창기 15년간은 쉬웠던 것 같다. 어떻게 할지가 아니라 무엇을 할지를 논할 때가 차라리 쉬웠다는 의미다. 정작 건축 허가를 받아서 실행에 옮기려 할 때는 정말 힘들었다.

Q 전문성이 낮은 주민 모임이어서 시행착오도 있었을 것 같다.

A 아무것도 모르던 주민이 모여 일을 진행하는 것이므로 판단 착오가 많을 수 있다. 그러나 직접 내린 결정에 따른 결과는 스스로 감당할 수밖에 없다. 예를 들면 임대주택은 조합원 소득 수준을 반영해 임대료를 아주 낮게 책정했다. 그렇기 때문에 건축이나 부동산 전문가 모두 일정 금액을 유지보수 비용으로 확보해야 한다고 조언했지만, 조합원 의견을 존중하는 구조이기에 그들이 반대하는 추가 비용을 강요할 수 없었다. 그런데 20~30년이 지난 지금 건물의 노후를 방치할 수 없게 되면서 할 수 없이 임대료를 올려 유지보수비를 확보해야 할 상황이 되었다. 참으로 풀어 가기 어려운 문제다. 이 이야기를 꺼낸 이유는 조합원들이 실수하면 사회적기업이 이를 보상해줄 수 없다는 것이다. 자신의 결정으로 야기된 문제는 스스로 해결해야 한다.

Q 앞서 말한 것처럼 부동산은 유지, 관리하는 데 계속 비용이 발생하기 마련이다. 조합원에게 낮은 임대료를 책정하면 수익을 내기 어려울 것 같다. 어떻게 수익이 유지될 수 있는가?

A 상가나 다양한 임대사업에서 정밀하게 포트폴리오를 구성하고

전문적으로 임대업 수익모델을 설계했기 때문에 임대업에서 발생하는 높은 수익으로 낮은 임대 수입을 보완할 수 있었다.

▌정책 착안사항

CSCB는 10년간(1974~1984) 런던 템스 강변 남쪽 사우스뱅크 지역의 민간 개발 계획을 반대하며 결국 무산시키고, 대신 마을 만들기 사업체를 설립해 스스로 재생사업을 추진했다. 즉 코인 스트리트 개발사업은 주민 중심으로 이루어진 도시재생 사례. 1984년부터 13에이커(약 16,000평) 넓이에 저소득층 주택을 포함해 녹지, 복지시설, 상업지 등을 개발했고, 옥소 타워(Oxo Tower), 가브리엘 와프(Gabriel's Wharf) 등 상업지구를 개발하고 임대해 지속적으로 수익을 창출했다.

초기 개발업자의 계획과 지역 주민 공동체의 계획이 함께 제시되었으나 오랜 논의 과정 끝에 주민 공동체 계획이 지지를 받은 것도 흔치 않은 일이다. 또한 런던 시가 토지 이용을 주민 공동체에 혜택을 주는 목적으로 제한하고, 부동산 개발업자가 소유한 땅을 매입해 주민 공동체에게 싸게 매각했듯 행정기관의 협조도 컸다. CSCB는 토지 매입과 개발에 드는 자금을 은행과 그레이트 런던 카운실(Greater London Council)에서 융자받아 조달했고, 임대수익을 받아서 융자금을 갚았다.

이곳에는 4개 주택단지(멀버리 주택, 팜 주택, 레드 우드 주택, 이로코 주택)가 있고 각각 주택협동조합을 만들어 자체적으로 운영한다. 협동조합 형태로 만든 것은 입주자들 스스로 책임을 지게 하려는 의도다. 조합원 가입 대상은 임금 수준이 낮은 거주민과 경찰관, 소방관, 간호원 등 지역에서 공적으로 일하는 사람들이다.

코인 스트리트 재생과 관련된 다양한 주체(주민 대표 그룹, 사회적경제 주체, 개발회사, 지역 민간기업, 전문가, 지역의회 의원, 지자체 공무원 등)로 이루어진 협의체를 결성했다는 점이 사업 성공의 관건이다. 지역의 사회적기업이 중심이 되어 재생사업(특히 마을 단위)을 하는 사례의 이상 모델이다.

밀레니엄
브리지[25]

런던의 오랜 금융 중심 구역인 시티에는 영국 왕족이 결혼식과 대관식을 올리는 세인트 폴 대성당이 있다. 이 성당 뒤에 자리잡은 피터스 힐(Peters Hill) 지역은 로마인들이 템스 강을 따라 들어와 처음 정착한 곳이었지만 거대한 세인트 폴 성당이 세워진 뒤에는 거의 활용이 되지 못한 죽은 공간이었다. 이곳을 지나다니는 사람도 거의 없었다. 앞에는 세인트 폴 대성당과 차도, 뒤에는 템스 강이 이 공간을 단절했기에 범죄율도 높았다. 이렇게 단절되었던 공간이 런던 문화의 중심 공간이 된 테이트 모던 미술관과 다리인 밀레니엄 브리지와 연결이 되면서 어떻게 죽어 있던 공간이 살아나게 되었는지 주목할 필요가 있다.

밀레니엄 브리지는 템스 강과 도로 사이에서 가장 쇠퇴한 지역

---

25 김정후(런던 대학교 리서치 펠로우, 한양대학교 특임교수) 강연, 2015. 8.

'다리'가 아닌 '거리'의 개념으로 접근한 밀레니엄 브리지

을 활성화하고자 다른 지역과 연결하는 방안으로 제안된 아이디어였다. 사람들이 잘 오지 않는 지역이기 때문에 자동차가 아닌 사람들이 쉽게 오고갈 수 있는 보행자 다리를 만들어 세인트 폴 대성당과 테이트 모던 미술관을 서로 연결했다.

세인트 폴 대성당 옆은 원래 관광버스 주차장이었는데 녹지로 새롭게 조성되었고 왕복 2차선 도로를 인도로 바꿨다. 역시 단계적 기본계획을 적용해 하나씩 의견을 수렴해 차량 중심 거리에서 사람 중심 거리로 바꾸어 나갔다.

밀레니엄 브리지는 노먼 포스터가 거리 개념을 두고 설계했다. 이는 사람들이 다리 존재를 느끼지 않도록 하는 데 중점을 둔 것으로, 세인트 폴 대성당을 가리지 않고 양쪽에서 오는 보행자들이 피터스 힐의 보행 거리가 다리와 연결되었다는 점을 것을 느끼지 못하도록 자연스럽게 흐르도록 하는 것이 중요했다. 노먼 포스터는 계단을 만들지 않고 다리를 연결해 이 밀레니엄 브리지도 보행 거리의 연장선으로 인식되도록 했다. 만약 다리 설계를 공모할 때 많았던 현수구조 다리를 채택했다면 상부 구조물이 많아 세인트 폴 대성당과 테이트 모던 미술관 경관을 가렸을 것이다. 노먼 포스터는 이를 피하고자 하부에서 다리를 잡아 주는 구조를 제시했고, 다리이면서 차도와 차를 피해서 템스 강을 조망할 수 있으며, 구조물이 허리보다 낮아 위압감을 느끼지 않도록 만들었다.

서덕(Southwark) 구는 런던 33개 자치구 중에서 세 번째로 낙후된 곳으로 밀레니엄 브리지 남단에 위치한다. 런던에서 돈이 가장 많이 모이는 밀레니엄 북단의 시티 지역과 밀레니엄 브리지의 보행로를 통해 서덕 구를 연결하면서 런던 내 가장 부유한 지역과 가장 빈곤한 지역의 연결이 이루어졌다. 완공된 지 15년이 지난 지금 밀레니엄 브리지 북단에 위치했던 기업이나 건물이 서덕 지역으로 넘어오고 있다. 보행권 확보에 따른 상권 이동이 실현되고 있는 것이다.

밀레니엄 브리지 주변 이모저모

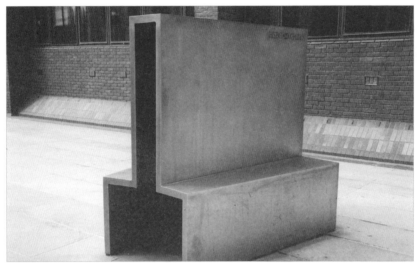

테이트 모던[26]

■ 화력발전소의 변신

테이트 모던 자리는 원래 화력발전소로 1935년과 1956년 두 차례에 걸쳐 완공되었으나 자금과 유류 파동을 겪으며 완전히 폐쇄되었다. 이곳의 재생은 테이트라는 비영리 예술 재단이 런던 중심부에 현대 예술 중심의 제2미술관을 짓기로 하면서 시작되었다.

테이트 재단은 테이트 모던 설립 기금이 2,000억 원밖에 없었기 때문에 설립 자금 조달을 위해 런던 시와 협약을 맺고 복권기금[27]에 추가 2,500억 원을 지원 요청했다. 1990년대 런던에서 경제적 불균형이 가장 심한 두 지역을 연결해 불균형을 해소하겠다는 취지였다.

---

26 김정후(런던 대학교 리서치 펠로우, 한양대학교 특임교수) 강연, 2015. 8.
27 영국의 복권기금은 영국 정부가 발행하는 국가 복권을 통해 올린 수익금으로 1995년에 조성된 기금임. 기금의 40%는 교육, 보건, 환경, 비영리 활동에, 20%는 스포츠 활동에, 20%는 예술 활동에, 나머지 20%는 문화유산 보존 활동에 쓰이도록 법령으로 규정함. 1995년부터 지금까지 약 52만 5,000개 프로젝트에 370억 파운드(약 55조 8,300억원)가 지원되었음.

열린 공간으로 만든 테이트 모던 내부

이렇게 마련한 총 4,500억 원으로 버려진 화력발전소를 사서 건물재생을 시작했다. 전체 건물의 88%를 원형대로 유지하고 발전소 건물 전면 일부와 내부 고철 등 발전 시설만 드러나도록 했다. 내부 공간도 원형을 유지하고 있다.

공사가 시작되는 시점에 밀레니엄 브리지 설계를 공모했다. 심사위원 중에 가장 중요한 역할을 한 사람은 스위스의 건축가 해르조그와 드 뮤런(Herzog & de Meuron)[28]으로 테이트 모던을 설계한 장본인들이다. 그들은 다리 설계를 공모할 때 이곳이 거리였으면 좋겠다는 의견을 냈다. 테이트 모던 방문객이 연간 600만 명이고, 세인트 폴 대성당만 다녀가는 사람이 300만 명이나 되므로 세인트 폴 대성당, 밀레니엄 브리지, 테이트 모던 등 세 명소가 한 선으로 연결되도록 해, 방문객이 이 세 곳을 모두 자연스럽게 방문하도록 하는 개념이다. 고려할 점이 또 있었다. 3년간 조사한 결과 테이트 모던은 관람객의 65%가 영국 시민이었으며, 두 번 이상 찾는 사람이 전체 방문자의 절반이 넘었다. 어떤 장소를 만들 때 시민이 많을지 외부 관광객이 많을지를 분석해 대안을 마련하는 것도 중요하다. 이 조사 결과는 단순히 한 번 찾는 관광객만을 위한 공간이 아닌 영국 시민이 자주 찾는 미술관으로서의 역할을 생각하게 했다.

---

28 1978년 스위스 바젤에서 Herzog & de Meuron을 설립했음. 2001년 Herzog & de Meuron은 건축 부문에서 가장 높은 명성을 얻은 프리츠커상을 수상했음.

■ 소통을 중시하는 열린 미술관

과거 화력발전소 터빈이 있었던 터빈 홀은 테이트 모던 전체 면적의 60% 정도를 차지하고 이곳에서 1년에 2달 정도 기획 전시를 한다. 전시나 공연, 세미나가 열리며, 아이들이 놀고, 직장인들이 식사하거나 방석을 깔고 앉아 유명 강연을 들을 수 있는 완전히 열린 공간이다. 현대미술관 전체 공간의 60%를 비워 놓는 것은 상상하기 어렵지만 그 개념은 아주 중요하게 평가된다. 또한 테이트 모던은 터빈 홀이 있어 여타 미술관에서 전시하기 어려운 규모가 큰 설치물을 전시할 수 있다. 이는 테이트 모던이 현대미술관으로서 주목받는 이유 중 하나다.

특이한 점이 또 있다. 미술품을 보러 오는 사람보다 건물을 보러 오는 사람이 조금 더 많다. 건물에서 쉬면서 즐기다 가도록 해 놓았기 때문이다. 사람들은 이곳에서 쉬면서 산업시대 흔적을 그대로 느낄 수도 있다. 그리고 과거 발전소의 내부 설비를 그대로 두었다. 간판이나 사인보드가 없고, 눈에 띄는 색을 넣지 않았다. 내부는 자연채광으로 조명을 대신하고 페인트를 쓰지 않아서 역사적 공간으로 느끼도록 했다.

테이트 모던이 성공한 또 다른 비결은 바닥과 지붕에 있다. 바닥은 터빈 홀에서 앉아서 즐기는 곳이며, 지붕에서는 도시를 감상할 수 있기 때문이다. 다른 박물관이나 미술관에서는 볼 수 없는 장치로 공공성을 크게 확보한 측면으로 보아야 한다.

밀레니엄 브리지의 원안에는 바로 미술관으로 들어가도록 되어 있었는데 이를 수정해 강변을 거닐며 들어가도록 했다. 이에 따라 강변을 거닐며 잠시 여유를 가질 수 있도록 미술관 앞 강변에 넓은 광장과 인도를 배치해 미술관과 강변이 조화롭게 어울리게 했다. 실제로 미술관 앞에는 자작나무 종류를 심어 나무가 빈약해 보이게끔 했다. 나무가 울창해서 미술관과 강변 풍경을 가로막는 것을 막으려는 의도다.

정부가 주도하는 도시재생은 대체로 지속가능하지 않다. 이 화력발전소 재생사업은 민간이 중심이 되어야 지속가능해질 수 있다는 것을 잘 보여 준다. 한국에서 우려하는 특혜 시비는 전혀 없었다. 복권기금은 1년에 두 번 엄정한 심사를 통해 지원 대상을 선정하고 결과를 모두 공개한다.

테이트 모던 주변과 내부 이모저모

파타노스터 광장
재생사업[29]

▓ 도시재생사업의 실패 사례

학계에서는 1920년부터 1999년까지 런던을 비롯해 영국 전체에서
도시재생으로 성공한 비율은 30% 정도로 낮다고 연구 결과를 발표
했다. 영국 외 유럽에서도 성공률이 50%를 넘지 못했다. 그런데도
실패 사례를 숨겼기 때문에 문제를 정확히 파악하지 못했다.

도시재생에서 가장 위험한 방식은 기본계획을 세울 때 한 번에
모든 계획을 다 마련하는 것이다. 즉 지도를 펴 놓고 도시계획, 교통
계획, 상하수도 시설, 도로계획 등을 모두 수립하는 방식인데, 유럽
에서는 더 이상 그런 방식으로 접근하지 않으며, 통하지도 않는 방
식이다.

---

29 김정후(런던 대학교 리서치 펠로우, 한양대학교 특임교수) 강연, 2015. 8.

유럽에서 말하는 기본계획은 우선 필요한 시설을 정해 공공성을 확보한 다음 나머지를 점진적으로 해결해 나가는 것이다. 재생 대상을 차례대로 분석해 시민 또는 관광객에게 가장 필요한 것이 무엇인지 파악해 추가하는 방식이다.

영국에서 도시재생이 공식적으로 등장한 것은 2차 세계대전 이후인 1950년대. 고층 건물에 대한 수요가 나타나서였다. 현재 파타노스터 광장(Paternoster Square) 부지가 첫 대상이었으며, 영국에서 대표적으로 실패한 도시재생 사례가 되었다.

이 부지는 세인트 폴 대성당 앞에 있다. 2차 세계대전 때 독일군이 세인트 폴 대성당을 목표로 삼아 폭격했지만 정확도가 낮아 주변까지 함께 파괴되었다. 처음에는 런던 랜드마크인 세인트 폴 대성당 앞에 15층짜리 고층 건물 4동을 짓고 그 주변에 상가를 개발했다. 1년 좀 넘게까지는 수익이 괜찮았으나 이후로 쇠퇴하기 시작해 1970년대 초반에는 당시 돈으로 300억 원이나 되던 건물을 철거하기에 이르렀다. 그리고 2004년, 10여 년의 과정을 거쳐 파타노스터 광장이 완성되었다.

당초 이 지역 도시재생사업이 실패한 이유 세 가지를 살펴보면, 공간에 대한 수요를 고층 건물로 수용하려 한 것, 공공에 대한 배려가 없었던 것, 세인트 폴 대성당과 연계를 고려하지 않은 것이다. 즉 건물을 높여 연면적을 늘리려 했고, 상업지역으로 개발해 시민을 위한 공간이 부족했으며, 중요한 문화유산과의 연결고리를 고민하지 않았다.

당시 상황을 검토하고 반성할 필요가 있다. 최대한 연면적을 확

파타노스터 광장. 골목으로 세인트 폴 대성당과 연결되었다.

보하고자 건물을 위로 올리는 것이 아니라 저층으로 넓게 펼치도록 했어야 한다. 또한 상권에 관심이 있더라도 중앙 광장과 아케이드를 마련해 사람들이 와서 쉬고 즐기며 자연스럽게 상가가 활성화할 수 있도록 했어야 한다. 그리고 광장을 조성하되 어느 위치에서도 도시 상징인 세인트 폴 대성당이 보이도록 했어야 한다.

이러한 관점에서 1992년에 새로운 계획이 확정되어 지금 모습이 되었다. 파타노스터 광장을 재생할 때 가장 고민한 점은 색깔과 재료였다. 건축가는 자신만의 색깔과 재료를 선택하고 싶었겠지만, 최종적으로 세인트 폴 대성당을 존중하고자 우윳빛 대리석을 선택했다. 이는 곧 시민의 거부감을 없애는 역할도 했다. 색과 재료는 건축가의 아이디어가 아니라 영국 건축 법령에 따른 것이다.

■ 실패를 교훈 삼아 새로 만든 광장

파타노스터 광장 거리는 차량 진입이 금지된다. 이곳에 거주하는 왕족, 부호 같은 유력인도 일반 시민과 똑같이 걸어 다녀야 한다. 이는 시민의 만족도를 매우 높였다.

이곳에는 사선제한과 남향 규정이 없으나 높이제한과 경관 규정이 있다. 새로 짓는 건물 꼭대기가 세인트 폴 대성당의 돔보다 더 높이 올라가지 못하게 해서 1킬로미터 뒤에서도 첨탑이 보인다. 또 상점은 합의에 따라 1층에만 간판을 달고, 영업시간에 입간판을 한 개씩 내어 놓고 여기에 메뉴를 분필로 쓴다. 입간판 메뉴를 분필로 쓰는 것은 시에서 지속가능성 측면에서 정책적으로 장려하는 것으로

작고 모양이 단순한 간판들

빅토리아 시대부터 해 왔던 것이다.

시민들은 간판이 큰 가게는 이기적이고, 비윤리적이라고 여긴
다. 런던 사람들은 한국의 '아름다운 간판 대회'를 이해하지 못한다.
런던에서는 간판이 이 도시의 디자인과 어떻게 어우러지는가를 고
려하기 때문이다. 파타노스터 광장 주변 간판에는 돌출형과 부착형

이 있는데 사람들은 경관을 해치지 않는 부착형을 훨씬 좋은 간판으로 평가한다.

■ 죽어 가던 건물의 부활

파타노스터 광장을 개발하기 전까지 17년간 비어 있던 건물이 있었다. 2011년 런던 시는 이 건물의 증축을 허가할 때 파타노스터 광장 이미지와 맞추고, 색깔도 대성당과 같게 하도록 했다. 건물주는 외관을 이에 맞게 바꾸고 1층을 다른 층보다 좁게 한 뒤 주변에 상가를 배치했으며 벤치와 화단을 만들어 지하철역에서 나오는 사람들에게 휴식공간을 제공했다. 건물 재생에서는 공공성 확보가 중요한 논의 사항이다. 이 건물 예는 건물 자체 디자인보다 주변과 어떻게 어우러져야 하는지를 잘 보여 주는 성공적인 사례다.

이 건물의 주변 통로는 과거에는 마약하는 사람이나 부랑인이 많이 모이던 주차공간이었다. 아직도 개발이 진행되지 않은 상태여서 논의되고 있으나 공공 공간으로 바꾸는 쪽으로 의견이 기울고 있다. 이런 경우 런던에서는 먼저 차량 진입을 막고, 보행 공간과 어떻게 연결할지를 고민한다. 런던 시는 이와 같은 죽은 공간이나 건물을 지도에 표시해 파악하고 있다.

런던에서 벤치는 기본적으로 시민이 기부한다. 자기가 기념하고 싶은 사람을 기리려는 방식으로 런던 시가 정해 주는 곳에 설치한다. 시민 기부는 세 가지 장점이 있다. 첫째는 지방정부 예산이 들지 않고, 두 번째는 기부하는 사람이 관심을 가지며, 또한 누군가를 기

시민이 기부한 벤치

공공성을 확보하도록 재개발한 건물. 건물 사이 차도를 인도로 바꾼 모습

리는 시설이라 훼손하지 않는다는 점이다. 신청자가 많아서 선정되려면 스토리가 있어야 한다. 한 예로 태어난 지 1년 만에 죽은 아이를 기리는 벤치도 있다. 벤치 외에 펜스나 조명도 기부 가능하다. 벤치는 위치에 따라 크기와 재질, 색깔에 관한 가이드라인이 있고, 기본 관리는 기초 지자체가 맡는다. 런던 전체에 이런 벤치가 대략 22만 개 있다.

런던에서 건물 허가를 잘 받으려면 보행자에게 공간을 할애하면 된다. 건물이 높아질수록 보행자는 위축되며 불편하다. 보통 12층을 그 기준으로 보며, 이런 경우 흔히 범하는 오류가 조경으로 보완하려는 것이다. 그러나 보행자에게는 와 닿지 않는다. 광장 주변의 많은 건물은 1층을 안으로 넣어서 보행자들이 언제든지 건물 턱에 들어가 비를 피하거나 이야기를 나눌 수 있다. 이처럼 친절한 공간을 고려해야 한다.

▨ 시민을 위한 건축 심의 과정

영국에서는 건축 심의 과정을 플래닝 퍼미션이라고 하며, 도시계획 위원회가 승인하더라도 런던 시장과 지자체장에게 거부 권한이 있다. 건축 허가 요청이 들어오면 시와 구 차원에서 두 가지 절차를 거친다. 법이 정한 건물 관리 규정을 확인한다. 예를 들어 높이, 경관, 재료 등을 심의한다. 런던 시와 구 정책에 따르게 하는 것으로 통과, 조건부통과, 재심으로 결정한다. '통과'를 받으면 규정에 어떻게 충족되었는지를 자세히 명시한다. 전체 내용에서 70~80%를 만족하면 '조건부'로 승인된다.

런던에서 건축 허가가 승인되기까지 가장 오래 걸렸던 사례 가운데 하나는 스카이 가든 옆에 있는 고층 건물로 심의에만 12년이 걸렸다. 그 건물을 지었던 회사 회장이 런던 시의 건축 심의를 통과한 회사라면 전 세계 어디에서도 건축 심의를 통과할 수 있다고 말했을 정도다.

런던 시의 경우 대규정이 100개에 달하고 소규정까지 하면 1,000개가 넘으며, 구의 경우는 1/3 수준이다. 이러한 과정을 거치기 때문에 런던에서 완공된 건물은 최고는 없지만 최악도 없다는 평가를 받는다. 이처럼 시민을 위한 꼼꼼한 규정이 있기에 건축과 디자인이 공공을 위한 쪽으로 바뀔 수 있다.

파타노스터 광장 이모저모

올림픽 공원 주변
재생사업

올림픽 공원 주변 개발은 대상지의 입지적 한계를 극복하고 신규 핵심기능을 도입한 곳이다. 이곳은 킹스 크로스에 비해 외곽이어서 개발압력이 낮았다. 기반시설에 대한 공적 선투자(신규 철도 노선, 케이블카), 국공유지 활용, 규제완화 등이 민간 수익성 개선으로 작용해

올림픽 공원 주변 공사 현장

성공적으로 민간 투자를 유치했다. 폐쇄된 단일 부지를 주변과 어우러지게끔 개발해 그 영향이 주변 지역으로 확장되고 있다.

올림픽 공원과 이웃한 6개 구역을 포함한 사회적·경제적 기본계획을 세웠고, 특히 해크니(Hackney), 피시 아일랜드(Fish Island) 같은 런던의 대표 빈곤 지역의 사회적·경제적 발전을 위해 주민 교육 등 50~60개 소규모 프로젝트가 진행된다.

■ 해크니 위키드 도시재생사업 이해[30]

해크니 위키드는 런던 동부 해크니 구와 타워 햄릿 구 경계에 위치한 런던 외곽 산업지대로 공장과 창고, 쓰레기 처리장이 있었다. 그런 곳에 가난한 예술가들이 찾아들어 작업실을 차렸다. 이곳을 중심으로 활동하는 예술가들은 올림픽 계획이 발표되기 전부터 터를 잡았다. 이곳은 2008년에 올림픽 경기장을 지을 지역으로 결정되었는데 예술가들은 자기들이 먼저 이 지역에서 활동하고 있었다는 것을 알리려고 했다. 올림픽 유치로 주변 땅값이 오르자 예술가들은 저렴한 작업 공간을 잃게 될 것을 두려워하며 연대하기 시작했다. 그래서 예술가들은 아트 페스티벌을 계획했고, 2008년 이후 해마다 해크니 위키드 페스티벌을 열었다. 관중은 2009년 5,000명, 2010년 15,000명, 2011년 40,000명으로 매년 늘어났다.

예술가들은 정부에서 계획한 것처럼 올림픽 경기장과 공원을 짓

---

30 윌리엄 챔버라인(크리에이티브 윅(Creative Wick) 디렉터) 강연. 2015. 8.

공장 벽면을 이용한 그래피티

되 그들이 활동할 수 있는 공간이 보장되기를 원했다. 또한 예술가
와 주민이 관계를 맺을 수 있는 주민 센터, 예술가가 지속적으로 작
업할 수 있는 스튜디오 공간 확보도 요청했다. 결국 런던 올림픽 유
산 개발 공사(London Olympics Lagacy Corporation)가 소유하던 부지 중
일부를 장기 임대받고 영국 복권기금에서 새로운 공간 건설 자금을
지원받았다. 이후 지역의 예술가와 주민이 동참해서 주민 센터 건물
을 지었다. 현재 주민 센터 운영에 주민이 직접 참여하며, 이곳은 시
민단체 후원행사, 이벤트, 댄스파티, 방과 후 수업, 리셉션 등 다양
한 용도로 쓰이고 있다.

■ 해크니 위키드 극장, 아트센터, 북 스튜디오

해크니 위키드에 위치한 야드 극장(The Yard Theatre)은 젊은이들이 버려진 창고를 개조한 곳으로 돈이 많지 않은 예술가들이 실험 극을 공연하는 소극장이다. 여기도 주민 센터처럼 올림픽 경기장을 만들 때 버려진 자재나 경기가 끝나고 남은 물건을 활용해 창고를 극장으로 개조했다.

처음에는 극단에서 스스로 자금을 출연해서 운영했고, 지금은 아트 카운실[31]에서 받는 10,000파운드와 극장 내 바에서 나온 수익, 공연 입장 수익, 드라마, 영화 등 프로젝트에서 나오는 수익으로 운영한다. 접경지인 타워 햄릿 구는 자금을 지원하지 않고, 다른 비즈니스 및 주민 센터와의 연결을 돕고 있다.

『타임아웃』이라는 잡지[32] 선정 결과, 야드 극장이 런던 극장 중 국립극장에 이어 런던에서 주목해야 할 극장 2등에 선정되었다. 선정 이유는 항상 새로운 형식의 도전적이고 실험적인 극을 올리기 때문이다. 여기서 초연한 연극이 반응이 좋아서 국립극장으로 올라간 공연도 있었다. 좌석은 110개이고 종종 매진되기도 한다. 수영장 무대를 만든 적도 있을 정도로 실험적인 무대를 많이 올린다.

해크니 위키드에 위치한 스투어 스페이스(Stour Space) 아트센터는 민간 협동조합이 운영한다. 2층과 3층은 예술가 스튜디오로 이 지역

---

31 아트 카운실(Art Council). 영국의 문화재단 같은 곳임.
32 런던의 유명 문화 주간지. 런던에서 매주 일어나는 모든 이벤트와 쇼 등에 대한 정보가 실려 있음.

해크니 위키드에 위치한 야드 극장

에 거주하는 예술가에게 저렴하게 제공한다. 1층 전시 공간에서는
예술 작품 전시가 없을 때에는 주민을 위한 다양한 프로그램을 운영
한다. 요가 프로그램, 지역 주민을 위한 이벤트 장소로 활용된다.

이곳은 지역주권법(Localism Act)이 적용되어 지역 자산으로 관
할 구청에 등재된 공간이다. 지역주권법의 지역공동체 입찰 권한
(Community Right to Buy)에 따르면 소유자가 토지나 건물 등의 자산
을 매각할 때 지역공동체의 이익에 부합하는 자산일 경우 지역공동
체가 우선 구매할 수 있도록 6개월 동안 유예기간을 갖도록 했다. 6
개월 내 지역공동체가 자산을 매입할 자금이나 여러 여건을 마련하
지 못했다면 그 후에야 건물 주인이 자산을 일반 부동산 시장에 매
물로 내놓을 수 있다. 이 법으로 지역공동체는 건물을 먼저 살 수 있
는 권리를 확보한다. 올림픽 공원 조성으로 주변 땅값이 오르자 건
물주가 스투어 스페이스 건물을 매각하길 원했고, 이를 인지한 스투

어 스페이스 대표가 구청에 지역공동체 자산으로 건물을 등재한 것이다. 이제 스투어 스페이스 구성원들은 건물주에게서 건물을 매입하려는 기금 마련 활동을 벌이고 있다.

해크니 위키드 북 스튜디오는 전통적인 방식으로 책을 만드는 곳이다. 책 공방이 있는 건물은 원래 상자를 만드는 공장이었고, 최근에는 땅콩 잼을 만드는 공장이었다가 지금의 북 스튜디오로 바뀌었다. 예술가에게 저렴한 작업 공간을 제공하는 것이 목적이기 때문에 비영리로 운영한다.

윌리엄 챔버라인(크리에이티브 웍 디렉터)

Q 극장 수익만으로 예술가들은 생활할 수 있는가?

A 극단 예술가 노동조합이 있어서 프로덕션과 임금 협상을 맺었다. 팔리는 티켓의 절반은 예술가들에게 돌아간다. 표가 다 안 팔리는 경우에는 홍보, 기자재 등을 무료로 지원받을 수 있도록 한다. 기획사에서 하는 중요한 일 중 하나다. 그리고 이 극장의 티켓 가격은 15파운드(약 22,500원)를 넘지 않게 한다. 보통 10~15파운드 사이다. 초연을 올릴 때는 근처에 있는 주민을 대상으로 한다. 그리고 동네 주민에게는 할인카드를 발급해서 할인 혜택을 제공한다.

Q 운영 부분 관련해서 아트 카운실에서 지원받는다고 했는데, 재원이 필요할 때 자체적으로 펀딩 작업을 하는 경우도 있는가?

A 아트 카운실에서 10,000파운드(약 1,500만 원)를 지원받고, 돈을 받을 수 있는 모든 곳에 요청해서 지원받고 있다. 후원 갈라쇼와 칵테일 파티도 열고, 겨울에 단열재 공사를 했을 때는 크라우드 펀딩으로 돈을 모았다.

Q 예술가들이 이런 아트센터를 만들어서 운영하는 것은 꿈 같은 일

인데, 어떻게 가능했나?

A 우선 임대료가 높지 않고, 지금 카페에서 내는 수익 때문에 스튜디오 가치가 크게 상승했다. 여기 있는 모든 아티스트의 작품은 팔지 않지만, 상점에서 다양한 소품들을 살 수 있다.

Q 이렇게 장삿속이 보이는 시대에 문자문화를 소중히 여기는 북 스튜디오 분들에게 응원의 말을 전하고 싶다.

A 사실 많은 관심이 새로운 예술 감각을 가진 창조적인 예술가들에게 쏠리는 현상이 있다. 그래서 옛날 기술, 순수예술을 하는 분들이 설 자리가 줄고 있다. 이곳의 북 스튜디오는 그런 분들이 일할 수 있는 공간을 제공하는 것을 목표로 한다. 시장성이 없는 분야의 예술가를 지원하고 보호하는 것, 젠트리피케이션이 발생했을 때 가장 취약한 예술가를 지원하는 것이 중요하다.

Q 한국 완주에도 삼례문화예술촌이 있는데, 운영이 잘 되지 않아 지원에 의존하고 있다. 어떻게 수익을 내어 자체적으로 운영해 나가는지, 어떤 부분이 어려운지 궁금하다.

A 운영비의 가장 큰 부분이 임대료다. 동네가 재개발 중이라 임대료가 치솟으면 쫓겨날 걱정을 하게 된다. 공간 확보를 지원해 주는 게 가장 큰 힘이 된다.

Q 지역 주민이 자유롭게 방문할 수 있다고 했는데, 지역 주민을 위한 프로그램을 운영하는가?

A 이곳에서 정기적으로 운영하는 프로그램은 없고, 동네에서 프로그램을 진행할 때 여기 예술가들이 초청받아 지원을 나가는 일이 많다. 직접 프로그램을 운영하기보다는 주민이 필요로 할 때

공간을 편히 활용하도록 하는 방식으로 운영한다.

Q 이곳의 수익 창출 방법은 무엇인가?

A 수익을 다각화하려고 하며, 할 수 있는 것을 다한다. 멤버십 제도, 상점 운영, 대기업 어웨이 데이, 대기업 워크숍 지원 등 순수예술 활동 외에 돈을 벌 수 있는 활동을 많이 한다.

Q 혹시 여기가 런던이기 때문에 가능한 것 아닌가?

A 맞다. 영국 내에서도 이런 식으로 운영할 수 있는 곳은 런던 아니고는 없다고 본다. 이 스튜디오는 영국에서도 흔치 않은 경우다.

Q 멤버십은 어떻게 운영되나?

A 두 종류가 있다. 하나는 한 달에 한번 100파운드씩 내는 풀타임 멤버십으로 현재 32명이 있다. 다른 하나는 프랜드 멤버십으로 1년에 35파운드를 내며, 스튜디오를 쓰고 싶을 때나 기념품을 살때 할인을 받는다.

Q 책 공방 방문자는 하루에 몇 명 정도인가?

A 두 사람이 공방을 운영하며 비교적 사람이 많은 목요일이나 금요일에는 15명이 오기도 한다.

▍ 정책 착안사항

주민의 참여와 능동적 협치가 도시재생에서 반드시 필요하다는 점을 인식했다. 도시마다 환경과 여건이 다르므로 적합한 파트너를 찾고 시민 역량을 강화하는 것이 중요하다. 안산 초지역세권, 사동 89블록 등 대규모 신규개발사업에도 런던처럼 사회적·경제적 기본계획을 수립하고 주변 지역사회 및 시민단체와 협의할 것을 제안한다.

장기적인 재생계획에 대한 제도 마련이 필요하고 공간에 대한 지속성도 중요하다. 올림픽 행사 성패와 관계없이 지역의 정체성 형성과 지속가능한 개발이 동시에 이루어질 수 있음을 올림픽 공원과 그 주변 지역 재생사업에서 확인할 수 있었다.

해크니 위키드에서는 유휴건물을 예술가들이 활용하지만 단순히 건물을 리모델링하거나 외부에서 예술가들을 데리고 온다고 해서 활성화되는 것은 아니었다. 해당 공간과 연계할 수 있는 지역의 문화예술 자원 마련이 필수조건이다. 그래야 재생 효과가 해당 건물이라는 점(point)에 그치지 않고 면 차원의 지역 활성화에 기여할 수 있다.

예술가와 주민이 관계를 맺을 수 있는 공간과 프로그램도 필요하다. 지역 주민과 예술가가 상호 이질적이지만 괴리되지 않아야 하고, 다양한 프로그램을 통해 서로 소통하고 교류할 수 있어야 한다. 해크니 위키드 주민 센터에서는 주민과 예술가가 건물 조성에서부터 센터 운영, 센터에서 진행되는 프로그램까지 함께 진행한다.

해당 단체가 후원이나 자금 모집원을 확보하고 수익을 내면서 자체적으로 운영해 나갈 수 있도록 자금유치 기법, 수익창출 방법 등에 대한 교육을 확대해야 지속성을 얻을 수 있다. 해크니 위키드에 입주한 단체들의 경우 초기 런던 아트 카운실의 지원과 융자 외에는 별도의 외부 자금에 의존하지 않는다. 크라우드 펀딩, 기업 펀딩, 공간 임대, 멤버십 제도, 상점 운영, 이벤트 제공 등 다양한 수익 활동을 하고 있어 단체 운영이 가능했다는 점을 주목해야 한다.

폐자재를 활용한 환경친화적 건물을 만들었다. 런던 올림픽 경기장 건설 때 나온 폐자재로 해크니 위키드 지역 내 여러 건물(주민 센터, 극장, 아트센터 등)을 지었다. 이러한 방식은 환경친화적일 뿐만 아니라 초기 시설투자비를 상당 부분 절감할 수 있으며, 공동체가 참여해 DIY 형태로 직접 공간을 조성할 수 있다는 점에서 의미가 크다.

해크니 위키드 이모저모

해크니 구[33]의
도시재생 전략

쇼디치 지역[34]

■ IT 산업의 메카가 된 옛 도시

쇼디치(Shoreditch)는 큰 변화를 겪고 있다. 예전에 방적 공장이었던 건물들에 IT 및 창조산업 스타트업들이 몰려오고 있다. 일반적인 패턴을 보면 기술 관련 창업이 시작되어서 스타트업 붐이 일어나면 이를 따라 규모가 큰 국제적인 테크 기업들이 자리 잡고 싶어 한다. 지금 여기에 아마존 건물이 세워지는 것도 IT 기반 스타트업들이 이곳

---

33 런던 시 33개 자치구 중 하나로 런던 북동쪽에 위치함. 인구는 약 26만 명이며 과거 빈곤 지역에서 벗어나는 다양한 도시재생사업을 추진하고 있음. 런던 해크니 구청 도시재생팀에서 전반적인 해크니 구 도시재생 전략과 사례를 발표함. 해크니개발협동조합과 같은 구에 있는 다양한 사회적기업이나 시민사회 그룹과 파트너십을 통해 도시재생을 진행하고 있음.

34 칼 웨럼(해크니 구청 도시재생팀, 쇼디치 지역 매니저), 코리 대포(해크니 구청 도시재생팀, 달스턴 지역 매니저) 강연. 2016. 5.

에 몰려들었기 때문이다.

지금 강연하고 있는 이 건물도 해크니 구청이 스타트업 창업과 육성을 현장에서 가깝게 지원하고자 매입한 것이다. 구는 지역 산업과 IT스타트업을 위해서 네트워킹 이벤트나 콘퍼런스 같은 것을 개최하고, 교육, 신상품 출시 등을 돕는다.

쇼디치 역사를 간단히 살펴보자. 이곳은 오래된 지역이다. 〈로미오와 줄리엣〉을 비롯해 셰익스피어의 7개 공연이 초연되었던 곳이 이곳에 있는 커튼 시어터다. 로마 시대 사람들이 다른 나라를 정복해서 도시를 개발했을 때 늘 그랬던 것처럼 포럼을 만들고 그 옆에 원형 극장을 만들었다. 포럼이 있던 곳에서부터 원형 극장이 있던

쇼디치가 보이는 해크니 구 전경

곳까지가 지금의 쇼디치 지역이다. 도로도 로마 시대 사람들이 만든 것이며, 당시 도로가 그대로 남아 있다.

포럼을 중심으로 양쪽에 큰 강이 있었지만 지금은 모두 매립되었다. 런던 시 지하에는 강줄기 50~60개가 흐른다고 한다. 당시에는 강 위로 도시가 형성되었던 셈이다. 도시 밑으로 물길이 많아서 건물이나 주택을 많이 짓지 못하다가 셰익스피어가 활동하던 시기인 1500년대부터 물길을 매립하면서 건물들이 조금씩 늘어나기 시작했다. 쇼디치는 극장이 있다는 뜻인 커튼 로드 위에 위치한다. 그래서 이곳을 재생할 때 문화재생이라는 말을 많이 썼다.

■ 도시재생의 선순환 과정

쇼디치에는 IT스타트업 5,000~6,000개가 들어와 있다. 런던의 IT 스타트업이 자리 잡는 비즈니스 구역은 쇼디치를 중심으로 킹스 크로스 지역, 스트래트포드(Stratford), 그리니치 지역까지 이어진다. 많은 사람이 갑자기 쇼디치 지역에 이렇게 많은 스타트업이 생기게 된 원인과 형성 과정에 주목한다.

구는 그 배경을 항상 스텝 펑션(step function, 단계함수 또는 계단함수) 그래프로 설명한다. 1단계는 자생적이면서 유기적으로 시작한다. 2단계에서는 정부나 다른 공공의 지원으로 폭발적으로 성장하며, 그러다가 3단계가 되면 정착에 이른다. 쇼디치는 현재 2단계이며 3단계를 지향한다. 즉 지금의 성장을 유지하며 지속가능한 성장으로 갈 방안을 고민하는 단계다.

쇼디치의 밤거리

IT스타트업이 떠나지 않고 일정한 임대료를 내면서 계속 일하는 원인 가운데 하나는 쇼디치가 밤문화가 활성화가 된 곳이라는 점이다. 바, 클럽 같은 업소들이 예전부터 유명했으며 일정 부분 지역경제에도 기여한다. 즉 창의적인 사람들이 시간에 구애받지 않고 일하고 소통하며 비즈니스를 하는 유기적인 관계에 역할을 하는 셈이다. 그 다음 원인은 대중교통이다. 예전에는 지하철이 닿지 않던 곳이었는데 런던 올림픽 준비의 일환으로 런던 중심부에서 바로 이어지는 지상선이 개통되었고, 그때를 기점으로 변화 속도가 더욱 빨라졌다.

1980년대에는 해크니 구나 런던에 있는 모든 구에서 도시계획을 할 때는 보통 용도를 달리할 구역의 경계선을 지정한(zoning) 다음에 구역의 용도를 결정했다. 해크니에서도 쇼디치 지역을 택지, 상업용지, 사무용 공간 중 무엇으로 할지 의견이 갈렸으나 상업용지, 사무실 공간으로 결정이 났다. 그래서 이 지역은 테크 시티(Tech City)라는 별명을 얻게 되었다.

이곳을 벗어난 지역에는 주로 택지가 개발되었다. 달스턴(Dolston) 지역은 해크니 구이지만 쇼디치와 다른 도시계획 구역(zone)에 있기 때문에 사람들이 거주할 주택이 많다. 그러나 달스턴 지역도 쇼디치 지역의 IT 비즈니스가 집중되면서 집값이 뛰고 있다. 풀어야 할 과제다.

■ **해크니 구 도시재생팀의 과제**

단계함수 3단계를 추구하는 해크니 구가 달성해야 할 몇 가지 과제가 생겼다. 첫 번째는 지자체 정부로서 왜 도시재생팀이 필요한지를 정의해야 했다. 해크니 구는 먼저 도시재생팀의 5가지 역할을 규정했다. 그중 하나로 타운매니저 5명을 선정해 한 명마다 지역 하나와 산업 하나를 담당하게 했다. 해크니 구 도시재생팀의 한 공무원은 쇼디치 지역과 기술산업을 맡고, 다른 공무원은 달스턴 지역과 밤문화경제를 맡는 식이다. 여기서 가장 집중하는 것은 각 산업군이 해당 지역에서 무엇을 원하는지 정부에서 무엇을 지원해야 하는지를 아주 가까이 현장에서 듣는 일이다.

또 하나는 해크니를 중심으로 활동하는 다양한 산업(주로 소기업이나 상점 등)에서 다양한 의견을 듣는 일이다. 이 지역에 큰 대기업이 들어왔을 때 이미 활동하는 지역 소기업들과 연계되어 공생하도록 한다. 특히 이미 살고 있는 주민에게 일자리가 연계되도록 하는 것이 중요하다. 한 사례를 보자면, 여기서 가까운 쇼디치 하이 스트리트 역 바로 옆에 박스파크(Boxpark)라는 전 세계에서 처음으로 생긴 컨테이너 박스를 이용한 임시 팝업용 상가가 있다. 처음 박스파크 아이디어를 가지고 왔을 때 이 상가의 주인과 시장성, 상점 배치, 입주자 선정, 파트너십 결성까지 도시재생팀이 전 과정을 함께 했다.

두 번째 과제는 지금 성장하는 비즈니스를 어떻게 더 성장시킬 것인가, 특히 그 안에 있는 네트워크를 어떻게 형성하고 이용할 것인가였다. 구는 적절하게 큰 이벤트였던 런던 올림픽을 활용했다. 많은 국제 손님이 런던을 방문한 것을 기회 삼아서 해크니 구에 어떤 비즈니스가 있는지 보여 주는 쇼케이스 형식 이벤트를 많이 열었다. 예를 들면 해크니 하우스를 만들어 해크니 구의 여러 가지 산업이나 활동을 소개했다. 올림픽이 열리는 2주 동안 구청에서 시도했던 이벤트는 32개였고, 여기에 약 60,000명이 방문했다. 그때 외국에서 온 손님들과 네트워크를 만들었으며, 이를 이용해서 SXSW 행사를 주관하는 미국 텍사스 시와 MOU를 맺고 미국 SXSW IT 행사에도 참가했다. 이 행사 부스에는 약 5,000명이 방문했고 쇼디치 지역의 IT 회사가 약 1,000만 파운드 사업을 계약하는 성과를 얻었다.

세 번째는 쇼디치 지역 방문객을 늘리는 일이다. 비즈니스뿐만 아니라 문화를 내세워 많은 사람이 방문하는 도시로 만들려고 한다. 그래서 밤에 일어나는 여러 가지 지역경제에 집중한다. 이 지역에 많은 바, 레스토랑, 카페, 클럽을 어떻게 지원할 수 있을까 고민하고, 방문객을 끌어들이고자 조금 더 많은 호텔이나 숙박업을 배치하

쇼디치 하이 스트리트

도록 노력한다. 호텔은 주민 일자리도 많이 만들 수 있으며, 공간을
잘 활용하면 지역 분위기를 살아나게 하는 효과도 있어 지역경제에
굉장히 좋은 산업이다. 2018년까지 17개 호텔을 열 예정이고, 그러
면 객실이 3,000개 정도 늘어날 것이다. 그중에는 배우 로버트 드니
로가 직접 투자해서 만드는 호텔도 있다.

지금은 이 계획이 지속가능할 것인가를 판단하며 3단계를 바라
보는 단계다. 지속가능한 도시재생사업을 하려면 무엇보다 건물이
가장 중요하다. 그래서 구는 건축 허가라는 강력한 무기를 가지고
민간 부동산 개발업자를 어떻게 일하도록 할 것인지 고민하고 있다.

쇼디치 중앙에는 저렴한 작업공간을 제공하는 회사 트람퍼리

(Trampery)가 있다. 해크니 구가 소유한 건물에 트람퍼리가 입주해 저렴한 작업공간을 제공하는 코워킹 스페이스 사업을 운영하고 있다. 해크니 구가 건물 운영권을 트람퍼리에 맡긴 것이다. 이 건물은 원래 1960년대에 지어진 건물로 보기에 좋지 않았으나 트람퍼리가 맡으면서 외관과 실내 환경이 좋아졌고, 많은 IT스타트업이 모이는 장소로 변신했다. 이런 건물을 많이 소유하면 좋았겠지만 현실은 그렇지 않아서 이런 변화를 해크니 전역에 어떻게 퍼트릴지도 고민하고 있다.

이와 같은 시도는 영국 전역에서 해크니 구가 처음이다. 해크니 구는 민간 개발업자가 일정 규모 이상의 건물을 세울 때 스타트업이 일할 수 있는 저렴한 공간을 마련하지 않으면 건축 허가를 내주지 않는다. 구가 바라는 대로 해크니 구 공동체의 혜택을 고려하며 공간을 잘 기획하고 운영하는 윤리적 민간 부동산 개발사 목록도 확보하고 있다.

네 번째 과제는 밤에 주로 활동하는 요식업과 주민을 결합해 공동체를 지속가능하게 하는 일이다. 그 일환으로 요식업에 종사하는 사람들을 모아서 펍워치라는 그룹을 만들고, 한 달에 한 번씩 회의를 한다. 회의에서는 네트워크를 형성하면서 사업할 때 필요한 것이 무엇인지에 대한 의견을 개진한다. 도시재생팀 일부 직원이 여기서 논의된 것을 정책으로 구현하는 일을 한다.

가장 많이 논의되는 것은 안전이다. 요식업자에게 영업 허가를 내줄 때에도 안전 활동에 책임감을 가지고 참여하도록 권한과 의무를 부여한다. 따라서 요식업자가 직접 야간 치안유지 활동을 하고 있다. 야간 요식업이 지나치게 활성화되면 주민에게 나쁜 영향을 미칠 수가 있기 때문에 치안에 신경을 쓸 수밖에 없다. 술집이 많은 달스턴 하이 스트리트 지역에는 택시 정차장을 추가로 만들었고, 런던 경찰청과 협의해서 나이트클럽 근처에는 경찰 인력을 추가 배치했다.

도시재생팀은 한 지역에 무언가를 지원하는 정책을 만들면 5년 주기로 재검토한다. 지금 한창 검토하는 내용은 앞으로 요식업에서 걷는 세금을 도시재생팀이 직접 쓰는 형태로 제도가 바뀔 예정이고, 그러면 어떤 정책을 펼쳐야 하는가이다. 어느 대도시나 야간 경제는 중요한 한편 주민의 불만 요소가 되기도 한다. 그러므로 경제적 효과와 치안 우려의 균형을 맞추는 게 중요하다.

쇼디치 거리의 젊은이들

■ 쇼디치 지역의 미래를 위한 통합

해크니에서 도시를 움직이는 경제 요소가 여러 개이며 문화와 야간 경제가 따로 떨어진 것이 아니다. 문화가 있고 그 바탕 위에 사람들이 만나서 술을 마시고 즐기며, 그 기저에는 기술 집약 산업이 있어서 서로 유기적으로 연계된다. 호버크라프트(hovercraft)라는 배처럼 수면과 떨어져 있는 게 아니라 수면 위를 떠다니는 것이 비즈니스이다. 예를 들면 아마존이 들어와 야간 경제와 화랑, 호텔도 성장하고, IT스타트업도 계속 몰리는 이치와 마찬가지다.

쇼디치 도시재생팀의 마지막 과제는 통합이다. 이렇게 많은 비즈니스가 유입되고, 특히 대기업들이 들어와서 창출되는 이익이 어디로 가는지 살펴봐야 한다. 그래서 창안한 것 중 하나가 '기회의 허브'라는 공간이다. 이 아이디어는 기존에 해 왔던 일을 한번 뒤집어 생각해 보자는 데서 나왔다. 비즈니스를 시작하는 사람들은 무엇인가를 찾아 나서기도 하고, 다른 비즈니스와 연결하기도 한다. 한편 이곳 주민은 어떤 일자리 기회가 있는지 알고 싶어 한다. 기회의 허브는 영국 정부에서 운영하는 일자리 센터와 역할은 비슷하지만 좋은 일자리를 찾는 공간이라는 점에서 차이가 있다.

기회의 허브는 구에 있는 기술산업 즉 구인 수요와 주민의 구직 수요를 연결해 주는 서비스다. 사무적인 방식으로 진행하는 직업알선소와 달리 찾아가는 서비스로 과정을 빠르게 진행한다. 이 서비스를 통해서 지난 몇 년간 1,000개 넘는 일자리가 창출되었다. 그뿐만 아니라 지역 청소년을 대상으로 여러 가지 프로그래밍 관련 교육도 실시한다.

칼 웰럼(해크니 구청 도시재생팀, 쇼디치 지역 매니저)
코리 대포(해크니 구청 도시재생팀, 달스턴 지역 매니저)

Q 건축 및 요식업 허가권을 가지고 많은 협상을 이끌어 내고 있는데 한국 같은 경우에는 법령에 정해진 범위 안에서만 정책을 집행할 수 있다. 협상 후 타운매니저가 직접 결정하는 건가, 아니면 다른 절차가 있는가?

A 우선 법령이 많은 한국에서는 기술된 것만 따라야 한다는데, 법이 다를 수는 있지만 솔직히 그것이 사실이라고 믿지는 않는다. 다시 말해서 영국에서도 지금 나와 있는 법령은 개발업자를 위해서 만들어진 법령이 훨씬 많다. 그러나 법령에서 제한된 권한이라도 그것을 최대한 활용하는 것이지 법령에 따라 활용하라고 규정한 것은 전혀 없다. 그래서 법 제약이 많기 때문에 공무원이 움직일 수 있는 여지가 적다는 것은 솔직히 믿기지 않는다.

Q 집행하며 불협화음은 없는가?

A 개발업자들과 싸우고 협상할 때는 정말 힘들다. 예를 들어 레슬링할 때 상대방의 목을 비틀어서 벽에다 5, 6번 친 다음에 실신할 정도까지 될 때처럼 싸워야 개발업자들은 하겠다고 한다. 절대로

쉬운 일이 아니고, 단순히 신뢰를 쌓고 좋은 관계를 맺는다고 되는 일도 아니다. 그러나 이 지역에서 비즈니스가 활성화되리라는 확신을 주면 공무원의 권한을 최대로 행사할 수가 있다. 아직 비즈니스를 할 수 없는 곳이라면 권한이 의미 없지 않은가. 덧붙이자면 여러분이 법령의 구멍을 보면서 잊지 말아야 할 것은 공무원이라는 것이다. 개발업자의 이득이 어떻게 지역사회로 돌아가는지에 집중한다면 그들과 협상하고 요구할 수 있는 기회가 분명히 보인다.

Q 법령이 정한 것을 어떻게 이용했는지 사례를 듣고 싶다.

A 영국 중앙법이 정하는 건축 허가를 받을 때는 섹션 106[35]을 따라야 한다. 어떤 큰 개발이 들어오면 개발업자가 건축 허가를 주는 지자체와 협의할 때 공동체에 어떤 영향을 미치는지를 의회나 구청에서 증명해 보여야 한다. 예를 들어 개발해서 교통 수요가 늘어났을 경우 교통문제 해결에 어떻게 기여할 것인가에 대해 논리 싸움을 한다. 결국 섹션 106에 따라 지역사회에 기여할 것에 동의하는 내용을 포함해서 접수해야만 건축 허가를 내주게 되며 이것을 최대한 이용한다. 그리고 공동체 기반시설 추가부

---

35 섹션 106 협의조항(Section 106 Agreement)이란 1990년에 개정된 영국 도시계획법의 106조항을 가르킴. 이는 건축 허가를 신청하는 개발자와 허가를 내주는 관할 지자체간 1대1 개별적인 상호협의조약임. 이 조약은 건축 허가 승인의 최종 조건에 따라 협의된 양자 간의 합의사항으로, 지자체는 개발사에게 이 합의사항에 적시된 조건들이 만족된다는 가정 하에 건축 허가를 내줌. 건축물을 대상으로 맺어진 합의사항이므로 차후 건물의 소유주가 바뀌어도 건축물이 존속하는 한 계속 지켜야 함. 보통 합의사항의 내용은 영국 중앙정부가 정의하는 건축 허가의 3대 조건(개발의 목적, 개발로 인한 손실사항의 보완, 개발로 인한 문제점 경감)에 기반해 개발사가 꼭 이행해야 할 건축물 건설 이외의 의무사항을 적시함.

담금(Community Infrastructure Levy 2010)[36]이라는 것이 있다. 대중교통이나 학교 같은 기반시설에 변화가 발생할 정도로 개발 규모가 클 때 개발사는 반드시 상당한 금액을 투자해야 한다. 물론 현찰로 받을 수도 있다. 이런 두 가지 권한을 가지고 여러 가지 협상을 통해서 얻을 수 있는 것을 최대한 얻어 낸다.

Q 도시재생팀과 도시개발팀이 어떻게 일하는가?

A 도시재생팀은 이해당사자들의 의견을 모아서 무언가를 결정한다. 한편, 도시개발팀은 공식적인 프로세스에 따라서 개발 허가권을 준다. 두 팀은 굉장히 유기적이면서 통합적으로 일한다. 건축 허가를 낼 때 개발업자가 요건을 갖추고 기본계획을 작성해서 제출하면 그것을 검토하고 법령에 따라서 처리하는 일은 도시개발팀에서 한다. 그런데 이 과정에서 도시재생팀에서 가져온 현장의 목소리가 전달되고 이를 함께 의논해 결정에 포함한다. 예전에는 도시재생팀이 도시개발팀에 현장 요구를 반영하라는 요청이 많았는데, 요즘에는 현장 정보가 있어야만 정확하게 허가 여부를 판단할 수 있기 때문에 반대로 도시개발팀에서 도시재생팀에 의견을 요청하는 경우가 많다.

Q 법적인 문제는 이해가 되었다. 그런데 저렴한 스타트업 공간을 확보하는 일은 개발업자에게는 일종의 채찍인데 반대로 그것을 보상해 주는 당근이 있는가?

---

36 공동체기반시설 추가부담금(Community Infrastructure Levy 2010)은 2010년부터 발효된 법안으로 새로운 개발이 시작될 때 주변 기반시설의 신규 개발이 필요하다면 지자체가 개발사에게 기반시설 신규개발의 비용을 일부 부담하도록 명령할 수 있음을 정의함.

A 어쨌든 여기에 비즈니스를 하러 온 사업자의 가장 큰 관심은 돈을 많이 버는 것이다. 그래서 구에서는 돈을 많이 벌겠다는 사람에게 많이 벌지 말라고 하지 않는다. 그게 당근 역할을 한다. 그 대신 항상 새로운 기회에서 번 돈을 사업자들만 가져가지 않도록 신경 쓴다.

Q 구 쪽에서는 저렴한 스타트업 공간을 많이 확보하려 하고, 개발업자 쪽에서는 최대한 적게 만들려고 할 텐데 조절하는 방법이 있는가?

A 어떤 건물을 개발업자가 개발하려고 하면 건물 용도가 가급적 혼합될 수 있도록 요구한다. 보통 새로 개발되는 공간의 10% 정도를 저렴한 공간으로 요구하고, 주택이나 상업용지, 사무실 공간이 적절하게 구성되어 복합적인 건물을 만들도록 신경을 많이 쓴다. 개발업자에게 요구하는 예를 하나 들면, 지금 아마존 건물 뒤쪽에 아파트 건물이 하나 있다. 점점 1인 가구들이 늘어나서 그 아파트를 개조해서 1인용 주택을 좀 더 많이 만드는 쪽으로 개조하겠다고 구청에 건축 허가를 신청했다. 이럴 때 꼭 해당 건물에서 구의 요구를 해결해야 한다는 규칙은 없다. 현재 아파트를 분할해서 가구수를 늘리는 것이 어렵다고 판단해 돈으로 줄 것을 요구했다. 그 돈을 가지고 다른 곳에 주택을 짓는 데 쓸 수 있다. 이런 식으로 개발이 하나 시작되면 그 개발 결과로 해크니와 관계되는 모든 이해당사자가 무언가를 얻도록 협상하는 일에 신경을 많이 쓴다.

Q 구의 어떤 지역이든 저렴한 사무실 공간이 많을수록 좋다고 생각

하는가?

A 새로운 사업 공간이 만들어져서 누군가 입주하면 어떤 비즈니스를 하는지 계속 모니터링한다. 비즈니스 유형에 따라서 그룹을 만들고, 각 그룹의 비즈니스가 어떤 지역에 몇 개씩 있는지를 파악하면서 균형을 맞춘다. 어쨌든 가능한 많이 저렴한 공간을 확보하고자 한다.

Q 작은 스타트업을 많이 유치하는 것의 장점은 무엇인가?

A 아마존 같이 거대 기업이 여기에 오려고 하는 가장 큰 이유는 작고 창의적인 기업과 같이 어울리고 싶어서다. 기업이 커 갈수록 작은 스타트업에서 나오는 혁신적인 아이디어가 더 필요하기 때문이다. 대기업을 유치하기 위해서라도 혁신적인 작은 기업이 살아남도록 해야 한다. 예를 들어서, 아마존이 들어오면서 혁신 창업자 28명이 활동할 수 있는 공간을 만들어 준다고 약속했다. 아마존에서 일하는 사람들도 대기업의 커다란 사무실에서 일하는 것을 원하지 않는다. 요즘 첨단기업의 젊은 직원들은 대기업에 속하면서도 일은 스타트업 같은 공간에서 하고 싶어 한다. 그 사실을 잘 알고 있기 때문에 공간을 하나 만들더라도 1층에 프랜차이즈가 아닌 지역 예술가가 활동하는 스튜디오가 들어설 수 있도록 설득한다. 대기업이 원하는 혁신이 지역사회와 조화를 이루어 안착하도록 계속 제안한다.

해크니 구[37]

해크니 구는 여러 산업이 성장하고 있는 중심지이기도 하지만, 외부적으로는 그 성장으로 원주민이 압력을 받는 지역이다. 지난 30~40년 동안 해크니 구의 비즈니스 성장률은 약 40%이고 임금상승률은 약 30%이지만 집값은 200% 이상 올랐다. 지역경제가 성장하는데도 그 결실이 모든 런던 시민, 특히 해크니 구 주민에게 돌아가지 않는다. 해크니 구의 실업률은 런던 시 평균 실업률보다 높고, 전체 임금의 3/4 이상을 임대료로 지출한다는 통계도 있다. 그래서 해크니 구에는 경제성장의 과실이 주민에게 골고루 돌아가게 하는 방안이 필요했다. 해크니 구는 해크니개발협동조합과 같은 공동체 조직과 파트너십을 맺으면서 이 문제를 해결하려고 한다.

　해크니의 규모와 발전상을 간단히 살펴보자. 아마존의 유럽 본부가 이쪽으로 이사 올 계획이고, 이로써 약 5,000개 일자리가 창출될 것으로 예상한다. 쇼디치에는 영국의 복지, 특히 어린이 복지 및 삶의 질과 관련된 일을 진행하는 전국 조직인 비영리단체 NSPCC 본부 건물이 있으며, 그 뒤쪽으로 쇼디치 주민이 사는 주택이 있다. 주택 단지 끝에는 파란색으로 큰 종합병원이 있고, 이곳은 쇼디치 주민뿐 아니라 런던 전역 시민에게 보건서비스를 제공한다. 런던에는

37　가이 니콜슨(해크니 구 구의원, 해크니 도시재생 전략 리더) 강연. 2016. 5.

발굴 중인 셰익스피어 극장 뒤로 아마존 유럽 본부가 입주할 건물이 세워지고 있다.

블랑크. 해크니 구가 소유하고 운영하는 장소다. 콘퍼런스 시설 및 카페가 있다.

아주 중요한 금융 중심지가 두 곳이 있다. 하나는 시티 오브 런던이고, 다른 한 곳이 카나리 워프로 두 지역의 근로자가 60만 명에 달한다. 파란색 병원 뒤쪽 지역이 바로 카나리 워프이고, 아마존 건물 뒤쪽으로 가면 시티 오브 런던이다. 해크니 구는 런던 시에서 가장 많은 투자 자금이 모여드는 두 지역 사이에 위치한다.

이처럼 해크니 구는 매우 빠르게 변화하고 있다. 해크니 구의 중요한 정치적 미션은 해크니 구에서 일어나는 이 큰 변화가 모든 지역 주민과 함께 달성되어야 한다는 것이다.

■ 공공사업의 중요성과 파트너십

해크니 구는 이러한 미션 수행을 위한 일의 우선순위를 설정했다. 가장 중요한 것은 학교였다. 아이들이 그곳에서 자라고 자신이 자란

마을이 성장하는 데 기여할 수 있도록 교육해야 하기 때문이다. 그 다음으로 해크니 구에 거주하는 주민이 건강한 삶을 유지하는 것, 해크니 주민이 해크니 구에서 일어나는 새로운 경제모델과 비즈니스에서 창출되는 일자리에 적합한 기술과 올바른 태도를 갖추는 것, 지속가능한 대중교통 네트워크를 가지고 운영하는 것 등이다.

빼놓을 수 없는 것이 또 있다. 바로 주택이다. 사람이 삶을 영위하는 데 가장 큰 요소 중 하나가 주택이다. 해크니 구에는 약 25,000명이 입주 가능한 주택이 있다. 그래서 구가 소유한 임대주택을 제대로 유지하고 구민이 주택을 원활히 공급받도록 하는 일에 신경을 많이 쓴다. 우선 입주자들이 감당할 수 있는 임대료를 책정해야 하고, 주택 질도 유지해야 한다. 이런 큰 미션에 두 가지를 더하자면 주민이 자유롭게 쉬고, 모일 수 있는 공공 공간과 합당한 임대료를 내고 일할 수 있는 작업 공간 확보다.

많은 사람이 사업을 시작하고 새로운 일자리를 창출하면서 혁신적인 아이디어를 창조하는 공간이 필요하다. 그러나 해크니 구는 이 문제에서 아주 큰 도전에 직면했다. 수요가 증가하다 보니 땅값이 급상승했고 이는 임대료 상승으로 이어졌기 때문이다.

이 지역은 아주 밀도 있고 빠르게 성장하고 있다. 앞서 소개했듯이 2006년 이후 이 지역의 경제성장률은 40%로 런던 전체 평균 경제성장률인 17%보다 훨씬 높다. 해크니 구는 영국 전역에서 가장 창조적인 회사가 있는 동네이기도 하다. 이런 창조산업에서 필요한 것은 새로운 아이디어, 새로운 에너지, 새로운 사람들이 지속적으로 유입되는 것으로, 그러려면 저렴한 임대료로 사용할 수 있는 공간이 반드시 필요하다.

정치, 행정 리더는 해크니 구에 이미 있는 자본과 땅을 포함한 모든 자원을 적극적으로 활용해서 위에서 언급한 여러 가지 이슈를 만들어 내야 한다. 그러려면 합작회사(joint venture)를 많이 만들어서 협업하는 것도 방안이다. 즉 중앙정부의 부서, 민간 부동산개발업자, 사회적기업이나 사회적 주택을 제공하는 비영리 주택연합, 런던 시청 등과 긴밀한 관계를 맺어야 한다.

합작회사라는 파트너십 형태는 여러 가지로 연결될 수 있다. 돈이나 땅, 구청의 건축 허가권과도 연결될 수 있다. 또 구가 가진 허가권을 앞세워 정부 다른 부서의 자산을 구의 목적으로 활용할 수도 있다. 어떤 경우에는 앞의 세 가지를 묶어서 합작회사의 주요 플랫폼으로 활용할 수도 있다. 예를 들면 이 지역에서 몇 분만 걸어가면 4에이커(약 4,900평) 규모 토지가 있다. 해크니 구, 런던 시, 비영리 주택연합, 민간 부동산 개발회사 세 곳이 이 땅을 소유하고 있었다. 이 여섯 주체가 모두 모여서 100만 제곱피트에 해당하는 새로운 건물을 지어 사무실 공간을 제공하기로 합의했다. 이로써 이곳에 새로운 집 800여 채가 조성될 예정이고, 그중 500여 채는 시장가보다 약간 저렴한 사회적 임대료로 책정해 보급할 예정이다. 이처럼 다양한 이해당사자가 함께 토론하고 협업하는 것이 중요하다.

가이 니콜슨(해크니 구 구의원)

Q 한국도 젠트리피케이션 문제에 직면했다. 이 문제를 어떻게 조절하는가? 조례를 만드는지, 협의체를 구성하는지, 지속가능한 측면에서 어떻게 해결하는지 궁금하다.

A 우리 구에서도 그 이슈가 가장 중요한 문제다. 젠트리피케이션은 부정적이기도 하지만 긍정적인 면도 분명히 있다. 만약에 현상이 발생했는데 아무 조치도 않고 내버려 두면 100% 부정적이다. 그러나 현상이 일어났을 때 지휘자처럼 조정한다면 여러 주체의 투자를 유치할 수 있다. 한 동네 길가에서도 한쪽 편에서는 빵 하나를 5파운드에 팔고, 건너편에서는 1파운드에 파는 상황이 벌어질 수 있다. 그것을 어떻게 관리하면서 균형을 맞추느냐가 중요하다. 단순히 비싼 빵을 만드는 곳을 나쁘다고 할 것이 아니라 사람들이 5파운드와 1파운드짜리 빵을 선택할 수 있는 것도 나쁘지 않다고 볼 수 있다. 또한 지역 젊은이들이 5파운드짜리 빵을 파는 곳에서 고급 빵을 만드는 기술을 배울 수도 있다. 그러니 젠트리피케이션을 문제로만 여기기보다는 활용 기회로 잡으려는 접근이 필요하다.

Q 지금 해크니 구[38]의 도시재생사업 진행 주체가 구청인가? 아니면 의회나 협동조합인가? 우리는 시에서 의회 승인을 받아야 모든 사업을 진행할 수 있는데, 여기는 같이 일하기 때문에 잘 이해되지 않는 부분이 있다.

A 여기는 내각제이므로 의원들도 행정을 같이 하는데, 그렇다고 해서 충돌이 없는 건 아니다. 우리도 정치적으로 협상해야 하는 파트너가 있다. 예를 들자면 해크니 구는 정책을 진행할 때, 런던 시장과 맞춰 나가야 하는 부분이 많다. 2주 전에 새로운 런던 시장이 당선되었다. 해크니 구는 노동당이 여당이다. 그 전에 8년간 정치적 철학과 비전이 다른 시장과 일을 하면서 충돌이 적지 않아 협상할 때 어려운 점이 많았다. 바로 그 지점이 정치적 리더가 해야 할 영역이다. 하나의 기술로 봐야 하고 개인적 역량으로밖에 이야기할 수 없다. 그래서 정치인에게는 전체 해크니 구와 런던 시민의 공공 선을 위해 합의를 끌어내는 기술이 요구되며, 구의원도 그런 기술을 가지고 항상 타협하면서 정책을 진행해 왔다. 그리고 법제화 과정을 꼭 강조하고 싶다. 법령을 새로 제정하는 것은 셰익스피어 공연과 같다고 생각한다. 법 조항 하나하나를 만들 때 찬찬히 뜯어보면 두 가지 의미로 해석될 여지가 항상 있다. 법령을 만들 때 정치인뿐 아니라 영향을 받을 모든 이해당사자가 모여서 문구가 어떤 영향을 미칠 것인지, 어떻게 해석될 수 있는지를 꼼꼼히 따져 가면서 다듬는 게 중요하다.

---

[38] 해크니 구는 내각제이기 때문에 구의원이 행정 수반인 구청장과 함께 구의 행정을 직접 실행함.

Q 재생사업을 하면 건물이 높아지는데 이에 따른 교통 대책은 있는 가? 주차시설은 어떻게 계획하고 있는가? 한국처럼 면적당 일정 주차공간을 확보하는가?

A 이 구역뿐 아니라 런던 시내 전체에서 새로운 건물을 지을 때는 오로지 장애인을 위한 최소 주차공간만 제공하는 것이 법령이 다. 아무리 높은 건물을 세워도 주차공간을 만들라고 요구하지 않는다. 그래도 여러 가지 물품을 공급하는 비즈니스가 있다. 주 차공간이 전혀 제공되지 않는 대신에 런던 전체를 책임지는 트 랜스포트 포 런던(Transport for London)이라는 교통당국과 아주 긴 밀하게 협업해 방안을 마련한다. 예를 들자면, 지금 만들어지는 아마존 건물 바로 앞에 새로운 지하철역이 생긴다. 런던 왼쪽에 서 동쪽을 잇는 새로운 노선인 엘리자베스 제2노선 역이다. 이 뿐만 아니라 지금 지하철역 구간을 좀 더 좁히는 방안 등을 내며 지속적인 투자와 운영 효율을 높이고 있다. 구의 목표는 일주일, 24시간 내내 운영하는 대중교통을 제공하는 것이다. 대중교통은 런던 시내에서 생활하는 800만 시민의 발이라고 생각한다.

Q 대중교통에 투자하는 돈은 어디서 나오는가?

A 교통당국은 사회적기업과 같은 방식으로 운영된다. 지하철 승객 이 내는 요금 수익은 100% 다시 교통 기반시설을 개선하는 데 쓰인다. 그곳은 주주가 없기 때문에 수익을 모두 재투자할 수 있 다. 두 번째로 엘리자베스 라인이 새로 생기면서 마련되는 역사 와 역세권이 있다. 어디든 간에 기차역이 생기면서 그 주변에서 새로운 개발이 이루어지고, 이때 지자체는 강력한 건축 허가권

을 발휘한다. 민간 개발업자에게 공공을 위한 투자를 요구하며 자금을 끌어온다. 그렇게 해서 이미 엘리자베스 제2노선에 필요한 준비 작업과 예산을 확보했다. 세 번째는 중앙정부다. 중앙정부에서 거둔 세금은 영국 전체를 위해 쓰는 게 맞고 런던은 영국 전체의 성장을 이끌어 가는 엔진이기 때문에 중앙정부에서 런던에 투자하는 것은 당연하다.

Q 지하철이나 버스 같은 운송 수단만이 대중교통은 아니지 않은가?

A 맞는 말이다. 대중교통 개선을 이야기할 때 종종 지하철 노선처럼 큰 부분만 거론하는 경우가 많은데, 그게 다가 아니다. 사람들은 걷기도 하고 자전거도 이용한다. 대단위 대중교통을 설계할 때 인도나 자전거 도로가 어떻게 조화를 이룰지 고려해야 한

해크니 구의 도시재생사업을 설명한 가이 니콜슨 해크니 구 구의원

다. 해크니 구는 영국 전역에서 자전거 이용자가 가장 많은 동네이기도 하다. 기존의 석유를 이용한 방식으로 대중교통을 제공해야 한다는 생각에서도 벗어나야 한다. 대기오염의 80%가 차에서 유발된다는 데이터도 있고, 물도 70% 이상이 이미 오염되었다는 데이터도 있다. 석유에 의존하지 않는 대중교통을 제공하는 것은 시급한 일이다. 이런 여러 부분을 고려해 정책과 연결해야 한다.

Q 런던 경제성장률이 17%인데 해크니 구가 40%라고 했다. 다른 구에 비해 세금(지방세)이 더 들어오는가? 그렇다면 해크니 구는 그 세금을 어떤 정책에 우선적으로 쓰고 싶은가?

A 지금까지는 지자체에서 세금을 걷어 100% 중앙정부로 보냈고 중앙정부가 배분해서 교부했는데 2020년부터 제도가 바뀔 예정이다. 해당 지역에서 걷을 수 있는 세금을 직접 걷고, 사용할 권한을 갖는다. 세금 공제를 할지 말지와 세율도 책정할 수 있게 된다. 이런 변화에도 문제가 있긴 하다. 아주 큰 산업이 있는 구에서는 세금이 많고 아닌 곳은 적을 수밖에 없다. 예를 들어 세금이 전혀 분배되지 않는다면 카나리 워프와 시티 오브 런던이 있는 구는 아마 영국에서 가장 부자인 지자체가 될 것이다. 그러나 대중교통이나 공공서비스 등은 다른 지자체에서도 반드시 필요하므로 불평등한 상황을 해결해야 한다. 우리는 중앙정부에 이런 문제에 대한 개선을 요구하고 있는데 아직 답이 없다.

Q 땅값이 오를 때 세입자 보호정책이 있는가? 청년 창업이나 창조적 사업이 많다고 했는데 특별히 지원하는 정책이 있는가?

A 그런 좋은 정책은 없다. 아주 걱정되는 상황이다. 기존 법령과 정책도 현재 보수당이 없앤 상황이다. 세입자가 감당할 수 있는 금액을 임대료로 책정하도록 하는 법도 없어졌다. 이것을 퇴행적 법제화(regressive legislation)라 표현하며, 지금 노동당에서는 예전에 있던 법이라도 다시 살리자고 요구하고 있다. 지금 여당인 보수당이 진행하는 중앙정부의 국가 주택정책과 우리 해크니 구가 요구하는 철학은 완전히 반대여서 논쟁이 계속되고 있다. 중앙정부는 국회의원이 먼저 입법하고 지자체에 밀어붙이는데 해크니 구 주택 문제는 그런 법령으로는 문제가 더 심화될 뿐이다. 개인적으로도 이 때문에 고생하고 있다. 지난주에 집주인이 집세를 너무 많이 올려서 갑자기 집을 비워야 한다. 지난 2년간 3번 이사했다.

Q 공동체가 어떤 방법으로 생성되고 어떤 방법으로 활성화될 수 있는가?

A 지역적 연고성, 즉 장소가 기반이 되어야 하고, 이해관계가 다른 사람들이 모일 수 있어야 한다. 이웃을 기반으로 한 주민 중심 공동체거나 산업 공동체일 수도 있다. 중요한 것은 해크니 구에서 살거나 활동하는 사람들이 같이 모여야 하고, 구성원이 공통 목적을 가졌을 때 공동체라는 말을 사용할 수 있다. 공동체 형태도 어떤 경우에는 공식적 그룹일 수도 있고, 어떤 경우에는 본인도 알지 못하는 아주 비공식적인 느슨한 관계일 수도 있다. 이처럼 공동체는 여러 형태일 수 있고, 구성원 모두가 혼연일치로 움직이는 것만은 아니라는 것을 알아야 한다.

Q 지역 발전은 주민의 창의적인 생각과 에너지에서 나온다고 했다. 그런 에너지를 불어넣은 주민이 떠날 수밖에 없는 상황을 어떻게 보고 있는가?

A 어느 도시든 서로 다른 그룹이 와서 섞여 살다 보면 긍정적일 수 있고 부정적일 수도 있다. 해크니 구에서는 이런 현상이 다양성을 기반으로 경제 생태계와 여러 기회를 만들어 내는 긍정적 요인으로 작용했다. 그러나 지금은 그 점이 다시 위험 요인으로 다가오고 있다. HCD(해크니개발협동조합)는 40년 전에 설립되었고, 처음 설립되었을 때 과제는 빈곤한 지역에 새롭게 창업을 유도하고, 빈곤한 주민에게 일자리를 구해 주는 것이었다. 그러나 지금은 그럴 필요가 없다. HCD 주변에서 일자리가 생기기 때문이다. 문제는 그렇게 만들어진 일자리와 부가 모두에게 골고루 가지 않는다는 것이다. 지역에서 형성된 부의 재분배가 중요하기 때문에 해크니 구와 HCD의 협업이 더욱 중요하다고 생각한다.

Q 해결방안은 있는가?

A 해크니 구에서 가장 효과적이고 강력하게 이용하는 것은 역시 개발 허가권과 건축 허가권이다. 얼마 전 큰 산업 복합체 건축 허가를 낼 때 특정 비율만큼 저렴한 임대가로 공급하는 공간을 포함해야 한다고 요구했고 그 공간에 대한 운영권을 HCD에게 넘겼다. 해크니 구의 독특한 창조산업과 맥을 같이 하는 젊은 창업자를 선정해 입주시킬 계획이며, 그 선정과 지원 여부 결정도 HCD에게 맡겼다. 해크니 구는 탑다운 방식의 강력한 정책으로 새로운 산업이나 경제를 지원하는 방법도 쓰지만, HCD를 통해

해크니 구의 창조성과 상상력을 돋울 수 있는 산업 주체가 누구인지, 그들에게 필요한 것이 무엇인지 같은 현장의 목소리를 들어서 정책을 펼치는 방식으로 협업하고 있다.

Q 어떤 자산을 공공이 많이 이용할 경우에 공동체 자산으로 등록할 수 있다고 들었다. 이럴 경우 공동체가 그 자산을 가지고 큰 사업 개발에 들어갔을 때 그 지역 젠트리피케이션을 막을 수 있는가?

A 2011년에 제정된 지역주권법이 젠트리피케이션을 막을 수 있다고 주장하는 사람들이 있지만 전혀 그렇지 않다. 지난 3~4년 동안 봐 온 법제 중에서 잘못된 법이고, 취지는 좋았으나 깊게 생각하지 않고 만든 법이다. 이 법으로 제약할 수 있는 권한은 그리 많지 않다. 누가 사용하느냐에 따라 사회를 가르는 아주 나쁜 법으로 악용될 수 있다. 지역주권법이 보장하는 지역공동체가 갖는 권한은 여러 가지이고 이 중 젠트리피케이션과 관련된 영역은 두 가지가 있다. 하나는 어떤 부동산이 있을 때 공동체가 많이 활용하는 것은 구청에 공동체 자산으로 등록할 수가 있다. 그러면 주인이 함부로 팔지 못하고 6개월 동안 공동체가 우선 매입할 수 있는 권한이 있다. 6개월 내에 매입을 못하면 권한이 없어진다. 두 번째는 공동체 근린지역 계획 권한(neighborhood planing)[39]이라고 하는 공동체들이 모여 자신들 동네 근린지역의 도시계획을 직접 만드는 것이다. 여기에서 지역주권법이 나쁜

---

39 일종의 도시계획으로서 단위 주택보다는 크고 도시 전체보다는 작은 동네를 계획하는 것을 지칭함.

이유를 살펴보자. 첫 번째 공동체 자산등록에 대해 아는 사람이 별로 없고, 대상 재산이 공동체를 위해 활용된다는 점을 증명하기가 무척 어렵다. 도시계획은 기술적으로 매우 어려운 지원계획이므로 공동체가 이것을 해 오면 받아 준다는 자체가 말이 안 될 뿐 아니라, 계획을 가져왔을 때 이미 중앙정부나 지자체가 세운 계획이 있다면 법적으로 해결해야 할 이슈가 생긴다. 이를 처리할 때 드는 비용이 어마어마한데 그에 대한 지원도 없다.

Q 혹시 사례가 있는가?

A 잘 안 된 사례가 있다. 한 마을공동체가 마을계획을 가지고 왔다. 그런데 일주일 뒤에 같은 동네의 다른 공동체도 왔다. 그 법으로 이웃 간에 불필요한 충돌이 일어났다. 충돌이 발생했을 때 누군가가 중재 역할을 해야 하는데 그에 관한 어떤 조항도 없다. 어떤 법령을 만들 때 항상 두 가지를 이해하고 준수해야 좋은 법이라고 생각하며 그중 하나는 통합이다. 법을 제정할 때는 적용되는 다양한 이해당사자가 있으므로 통합적으로 영향을 받는지 고려해야 하는데 이 법령은 그런 점을 전혀 고려하지 않았다. 두 번째는 지역 문제는 최소한 지자체가 가진 도시계획과 주민이 원하는 도시계획 사이에서 통일성을 갖는 채널이 있어야 하는데 그런 연결성 없이 그저 상위법을 따르라는 거다. 이웃 간이나 주민과 구가 충돌할 가능성이 있어서 본래 좋은 취지와는 달리 현장 구현 방법에서 문제가 많고 구체적인 사항이 부족한 법이다.

Q 그렇다면 젠트리피케이션 문제는 어떻게 다루는가?

A 지역주권법보다 훨씬 많은 방법이 있다. 사례에서 보았듯이 건

축 허가권이라는 강력한 권한이 있으므로 주민이 모여서 데모하고 캠페인을 벌이는 것도 중요하다. 앞서 언급한 것처럼 한 곳을 개발할 때 합작회사로 개인투자자를 끌어들이는 것도 좋다. 다만 외부 투자의 과실이 반드시 지역으로 돌아가도록 중재하는 역할을 잘 하면 된다. 새로운 투자를 꺼릴 필요 없이 일자리를 창출하고, 수익 일부가 학교나 교통시설, 저렴한 사무실에 쓰이도록 유도하면 된다. 지역주의법 같은 하나의 법령으로 해결할 문제도 있지만, 지자체가 사안마다 개입하면서 지휘하듯 해결해 나갈 수 있는 문제가 더 많다고 본다.

▌ 정책 착안사항

해크니 구는 협동조합과 협업하며 문제의 해결점을 찾는다. 지역 발전을 위한 가장 중요한 사항을 ① 교육 중심으로 발전, ② 공동체의 건강한 삶 유지, ③ 주민에게 좋은 일자리 창출, ④ 지속가능한 대중교통 네트워크 운영으로 꼽는다. 기술 도시와 상업, 문화가 상호 긍정적으로 작용하는 유기적 관계가 이뤄지고 대중교통도 이런 변화에 크게 기여하고 있다.

스타트업으로 시작된 지역발전은 단계를 거쳐 진화한다. 처음 유기적(자생적)으로 발생한 것이 폭발적 성장을 거쳐 정착 단계로 발전하는 것으로 지금을 두 번째 단계로 판단하고, 세 번째 단계로 가는 방안을 고민하고 있다.

젠트리피케이션에 따른 공동체 해체 문제에도 적극적으로 대응한다. 아마존 같은 대기업이 들어오도록 혁신적, 창의적 분위기를 조성한 소기업이 지속적으로 들어오고 사업을 유지할 수 있도록 저렴한 사무실과 문화 공간을 충분히 확보하는 정책을 실행한다.

도시재생팀을 신설해 현장 상황을 수집하게끔 하고, 도시개발팀은 섹션 106이라는 강력한 권한을 활용해 건축을 허가하는 대신 저렴한 사무실과 주택 공급 같은 공공에 기여하는 조건을 부여했다.

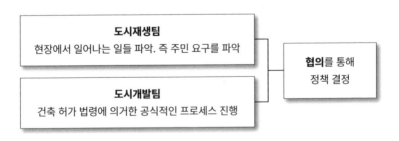

안산은 해크니 구와 같은 젠트리피케이션을 지속적으로 관리할 수 있는 강력한 권한은 없지만, 행정적 대응 전략을 만들어 저렴한 사무실 및 상업 공간 조성 방법을 강구할 수 있다고 본다.

정기적으로 내는 통계 이외에 지역 산업 및 임대주택 공급 등 도시 관리에 필요한 요소의 변화 양상을 짧은 시간 단위로 모니터링해 변화에 유연하게 대처하는 자료로 이용할 필요가 있다. 우리나라는 경직된 정책으로 사업의 효율성을 낮추는 실정이라 적절한 자료 확보 방안과 정책 유연성을 키워야 한다.

지역경제 활성화를 위한 청년창업가 지원시스템 확충은 스마트 시티를 꿈꾸는 안산에 반드시 필요한 정책이다. 청년이 자유롭게 창업할 수 있는 무대를 마련해 주는 것이야말로 도시경제 미래를 위한 최고의 투자다.

HCD(해크니개발협동조합) 같은 사회적기업을 통한 지역 스타트업 관리와 육성 방식도 채택할 만하다. 주민 요구를 정확히 파악할 수 있는 도시재생 전담팀을 신설한 것도 주목할 필요가 있다. 지역의 요구 파악과 의견 수렴은 주민으로 하여금 정체성을 가지도록 해 지역사업 추진 시 지자체와의 의견 충돌을 줄일 수 있다.

특히 도시를 구역으로 나누어 구역별로 전담 매니저를 두고 매니저가 정기적으로 주민들과 깊은 관계를 맺도록 해, 구에게 요구하는 모든 사항이 전담 매니저를 통해 원스톱 창구로 전달되어 구와 지속적으로 협의하는 과정은 우리도 고려해 볼 만한 모델이다. 시민, 지자체, 신규 개발자가 서로 다른 방향을 쳐다보고 있을 때, 중앙에서 공공선을 위해 중심을 잡고 공통된 비전을 제시하며 이들 간의 중재와 협의를 잘 이끌어 나가는 것이 바로 지자체가 할 일이다.

해크니개발협동조합[40]

해크니개발협동조합(Hackney Co-operative Development, HCD)은 런던 해크니 구 달스턴 지역에 있다. 1979년에 주택협동조합으로 출발했고, 1982년에 협동조합 형태의 사회적기업으로 변모해 지금에 이른다.

설립 목적과 기능은 해크니 구 공동체의 화합과 경제 발전, 사회통합 추진이다. 중요하게 여기는 가치는 자립, 자기책임, 민주주의, 평등, 공평, 연대이고, 지역에 있는 사회적기업을 지원하고 연결한다.

주요 성과로는 중앙정부와 함께 지역사회 재건 프로그램을 20년 넘게 수행했으며, 지자체에서 쇠퇴한 지역을 인수받아 재건 작업을 시작했고, 지역경제 발전과 재생을 추진한다. '후추알 임대'로 불리는 무상 임대 프로그램으로 구청 소유의 건물을 이전받아 현재는 85개 공간을 임대하며 자산(부동산)을 늘리고 있다.

자산은 650만 파운드(약 120억 원)이며, 한해 수익은 61만 4,323파운드(약 11억 원)이다. 현재 조합원은 300여 명이며, 조합 내 모든 결정은 협동조합 원칙에 따라 민주적으로 정한다. HCD의 주요 의사를 결정하는 이사회의 이사는 모든 조합원이 모여 선출하며 자원봉사 형태로 일한다.

---

40 도미니크 엘리슨(해크니개발협동조합 전 대표) 강연. 2015. 8.

■ 도시재생에 앞장선 사회적기업

HCD는 소유한 건물의 사무실을 윤리적인 기업이나 지역 사업을 하는 모임에 임대해 주고 있다. 그리고 질레트 스퀘어에 위치한 상가들을 운영하고, 오랫동안 일자리를 갖지 못한 사람들이 취업할 수 있도록 다양한 역량 교육을 하며, 이민자가 많은 지역적 특성을 고려해 이민자를 대상으로 영어교육도 진행한다.

이들이 운영하는 사회적 부동산 임대는 지역 생태계에서 큰 역할을 한다. 해크니 구는 창조적인 창업가들이 많고, 독립 상점도 많다. 전체 기업의 78%가 종업원 5명 미만이고, 18%는 프리랜서이다. 이들이 일하는 분야가 창조적인 분야와 맞닿아 있기 때문이다. 이들

HCD 소유 건물이 위치한 브래드배리 스트리트

의 매출 규모는 5~25만 파운드(1~5억)로 해크니 구에서 만들어진 기업의 생존율은 런던 전체 평균 생존율보다 높다. 여러 기업이 생태계를 이루어 서로 도와주는 문화가 있기 때문이다.

HCD가 소유한 부동산은 현재 시가로 650만 파운드(약 120억 원)이다. 지역의 사회적 부동산업체로서는 가장 크다. 이렇게 많은 부동산을 소유하게 된 데는 정부 지원도 있었지만 대부분 은행 융자로 마련했으며 수익을 남겨 융자를 갚았다. HCD가 소유한 부동산에는 일반 기업, 소매상점, 바, 레스토랑 등이 입주하고 있으며, 질레트 스퀘어와 인접한 건물에는 40~45개 상점이 들어와 있다. HCD가 이렇게 부동산을 매입해서 지역 기업에 임대하며 수익을 유지하는 노하우를 익히기까지는 25년이 걸렸다.

HCD의 부동산 역사는 브래드배리 스트리트에 있는 첫 번째 건물을 소유하면서 시작되었다. 2차 세계대전 때 폭격으로 건물의 반이상이나 파괴되어 활용할 수 없었던 건물을 보수해야 했는데 당시 해크니 구에는 그럴 만한 예산이 없었다. 그래서 HCD가 구청에서 거의 무상으로 건물을 빌려 보수하고 관리하게 되었다.

HCD는 구청과 후추알 임대[41]라는 방식으로 토지를 임대하면서 장기 임대하고 구청은 그 조건으로 비즈니스 창업센터 건립과 운영을 요구했다. HCD는 건물을 보수하는 데 필요한 비용을 트리오도

---

41 페퍼콘(pepper cone) 임대라고도 함. 중세시대부터 영주가 소유한 땅에 대해 소작인과 협약을 맺을 때 후추 한 알에 임대해 준 것에서 유래했음. 무상으로 주면 법적으로 문제되기 때문에 이 건물의 가치가 얼마인지 쓰고 거기에 합당한 가치를 쓰게 되어 있음. 무상 임대나 마찬가지인 셈.

HCD 소유 이동식 가판 상가 질레트 트레이딩 폿

HCD 소유 달스턴 컬처 하우스

스 은행이라는 윤리적 은행[42]에서 융자를 받았다. HCD는 2층과 3층은 사무실, 1층은 레스토랑과 바로 임대해 주었다. 이후 이 건물 앞뒤 건물도 HCD 소유가 되었다.

HCD는 입주자를 선정할 때 우선 그들의 사업 계획을 평가한다. 첫 번째는 사회적 가치를 보고, 두 번째는 수익을 낼 수 있는지를 본다. 그런 뒤 어느 정도 도움이 필요한지 파악하고 6~12개월 단위로 임대하며 다양한 방식으로 사업도 지원한다. 서로 이해가 맞으면 그다음에는 통상 6년 단위로 계약한다.

HCD는 기존에 있는 공간을 어떻게 활용하고, 가치를 극대화할 수 있을지도 고민한다. 한 예로 질레트 트레이딩 폿이라는 곳은 1층 빈 공간을 가판대 같은 것이 들어갈 수 있도록 소매점으로 새롭게 디자인했다. 차에서 내리는 승객이 바로 물건을 구입하기 쉽게 디자인해 디자인상을 받기도 했다.

달스턴 지역의 랜드마크라 할 수 있는 건물로 달스턴 컬처 하우스가 있다. 원래는 비어 있는 공장이었다. HCD는 이곳을 예술가에게 임대하는 스튜디오로 만들었다. 2~3층 스튜디오에는 많은 예술가가 입주해 있으며, 여기에는 세계적으로 유명한 보택스 재즈클럽도 있다.

---

42 트리오도스 은행(Triodos Bank)은 대표적인 윤리적 은행으로 사업의 사회적 가치를 보고 평가한 뒤 융자함. 또한 비윤리 기업에게는 융자하지 않음.

보택스 재즈클럽

질레트 스퀘어에서 열린 2014년 런던 올림픽 공식행사

■ 질레트 스퀘어의 재생 성공

질레트 스퀘어는 과거에 주차장 공간으로 비행 청소년이 모이는 우범지대였다. 1997~1998년, HCD는 이런 문제들을 해결하려고 공청회를 열었다. 차가 너무 많다, 주민이 모일 수 있는 곳이 없다, 음습한 곳에 청소년들이 모여서 문제를 만들어 낸다는 불만이 쏟아졌다.

주민이 모일 수 있는 열린 공간을 만들고 좋은 프로그램을 운영하는 것이 문제를 해결하는 것이라고 방향을 정한 뒤에 여러 이해당사자가 모여 질레트 스퀘어 파트너십이라는 협의체를 구성했다. 협의체를 주도했던 그룹은 HCD, 해크니 구청, 건축회사인 호킨스 브라운(Hawkins Brown), 런던 지하철회사인 그라운드워크 이스트 런던(Groundwork East London), 재즈 클럽인 보텍스(The Vortex), 런던 전체의 도시계획을 관장하는 런던 도시주택국이었다.

개발에 드는 비용의 많은 부분은 유럽연합 도시재생 기금에서 지원받았으며, 영국 총리실에서도 지원했고, HCD도 자금을 투자했다. 런던 시의 지원도 조금 있었다. 2000년 런던 시장이 선출직으로 당선되자 런던 시내에 광장을 100개 이상 만들겠다는 계획을 발표했다. 결과적으로 공약한 100개 중 2개만 실현되었는데 질레트 스퀘어가 그 첫 번째 사례가 되었다. 사실 광장 조성 사업이 끝날 시점에 시에서 조금 지원해 주었을 뿐이다.

질레트 스퀘어는 구 소유이며, HCD는 해크니 구와 협약을 맺어 광장에서 영구적으로 이벤트를 벌일 수 있는 라이선스를 획득했다. 질레트 스퀘어에는 청소년 프로그램, 문화 프로그램, 축제 등이 열린다. 축제 하루 방문객은 70,000명을 넘기도 한다. 전문 아티스트와 주민이 참여해 행사 내용은 더 풍부해지고 있다. 런던 올림픽 당시 이곳에서 공식 축하 프로그램도 진행되었다. HCD는 이 공간을 어떻게 극대화해서 활용할지 고민한다. 설치했다가 철거할 수 있는 팝업 놀이터나 놀이기구를 설치하기도 하고, 지역에 있는 사회적기업, 풀뿌리 단체를 위한 이벤트도 연다.[43]

■ HCD 사업의 진화

HCD는 월드 아키텍트 뉴스에서 수여하는 세계건축효과상을 수상했다. 주최측은 선정 이유를 "1990년대 초 공동체 요구를 받아 수행한 가장 복잡한 프로젝트다. 달스턴 스퀘어를 중심으로 다양한 그룹들이 원하는 다양한 수요를 융화시켰다. 프로젝트 이후 이 공간에 대한 새로운 인식이 생겼으며, HCD가 직접 관리한다. 여러 아티스트와 사회적기업이 들어오면서 주민이 모여들고, 일하는 사람들이 서로의 활동을 들여다 볼 수 있게 되었다. 광장에서 일하는 것이 전체적인 의제와 공동체에 긍정적으로 기여하게 되었다"라고 밝혔다.

달스턴 스퀘어에서 조금만 가면 하겐 스톤이라는 건물이 있다. HCD에서 매입한 건물로 30만 파운드 정도의 가치가 있다. 이 지역에는 상업화와 트렌디한 변화가 일어나고 있다. HCD는 건물을 구

---

43 예를 들어 인신매매 중단 캠페인을 진행하는 단체가 주민과 소통할 만한 마땅한 공간이 없을 때, 이 단체에 광장 일부 공간을 사용하도록 해서 일반 시민을 대상으로 캠페인을 진행할 수 있도록 함.

입할 때 이런 점을 기대했고 다행히 최근에 멋진 건물이 늘어나고 있다.

HCD는 현재 건물을 헐고 비싼 아파트 건물을 지어서 수익을 창출할 계획이다. 건축비 반은 HCD가 내고 반은 부동산 개발업자가 내는 방식으로 지어 수익을 창출하려고 했는데 걸림돌이 있었다. 건물이 위치한 구역은 구청이 사무실 확보 공간 구역으로 지정한 곳이었다. 따라서 건물 전체의 15%만을 사무실 공간으로 지어 아래층에는 IT 회사를 입주시키고, 그 위는 아파트로 만드는 새로운 계획을 제출했다.

HCD는 땅을 제공하고, 민간업자는 자금을 넣어서 이 사업을 시작했다. 아파트에서 나오는 수익을 50대 50으로 나누기로 했고 사무실 공간 수익은 HCD에서 가져가는 구조다. 개발회사는 일반적인 건설회사다. 그리고 이 아파트의 설계는 HCD에 입주해 있는 건축회사 소속으로 친환경 건축가가 맡았다.

[주요 질의응답]

도미니크 엘리슨(해크니개발협동조합 전 대표)

Q 수익은 어떻게 창출하나?

A 그동안 구청에서 무상으로 임대받아 잘 운영해 왔으나 추가로 만들어 낼 수 있는 수익은 많지 않다. HCD 건물에 들어오는 사업자들은 저렴한 임대료를 찾아왔다. 임대료를 높이지 않으면 수익 상황은 달라지지 않는다. 프로그램 규모도 현재 상태를 유지할 것이다. 더 큰 기업이 들어와서 이 주변 건물을 사들이고 있다. 수익 측면에서 무척 중요한 시기다.

Q 젠트리피케이션과 관련된다. 모든 건물을 저렴하게 임대할 수만은 없을 텐데 미래전략은 무엇인가?

A 미래의 방향과 젠트리피케이션 문제는 서로 맞닿아 있다. 최근 10년 사이에 해크니 구가 문화적 이슈로 떠오르면서 그 분위기가 달스턴 지역까지 밀려들어 왔다. 그래서 임대주택 임대료가 올랐다. 오랫동안 임대해서 살던 거주자들이 자기가 낼 수 없을 정도로 세가 오르고, HCD 건물이 아닌 다른 건물 입주자들은 여기를 떠나야 하는 상황이다. 2003~2011년 사이 30,000제곱미터 내에 있는 상업용 건물들이 아주 비싼 가격으로 팔렸다. 지

역 기업과 주민이 일하고 살 수 있는 공간이 눈에 띄게 줄고 있다. 2003~2011년 사이 이 지역의 기술 산업 성장률이 52% 증가했고, 바와 식당 등 요식업은 41%, 소매점은 15% 증가했다. 해크니 구 전체 지역 산업 증가율은 21%로, 런던 전체에서 가장 높다. 이런 상황에서 HCD의 관심은 바로 여기서 살고 있는 주민이며, 젠트리피케이션은 바로 풀어야 할 문제로 인식하고 있다. 전

도미니크 엘리슨 해크니개발협동조합 전 대표

략을 구상하고 있으나 구체적으로 말할 수 있는 단계는 아니다.

Q 영국의 젠트리피케이션은 어떤 상황인가?

A 젠트리피케이션은 새로운 현상이 아니라 늘 있었다. 구역 구역을 옮겨 다닐 뿐이지 자본주의 시스템이 바뀌지 않는 한 없애기는 힘들 것 같다. 젠트리피케이션을 근본적으로 막을 수는 없지만 자산을 극대화해서 밀려들어 오는 민간자본과 파트너십을 맺을 방안을 찾고 있다.

Q HCD 외에 젠트리피케이션에 대응한 사례가 있는가?

A 젠트리피케이션이 일어날 때 지방정부에서는 이를 막으려고 노력하지 않는다. 오히려 산업 붐이 일어나면 세수가 늘기 때문에 반기는 경우도 있다. 다른 사례로는 지역개발신탁을 들 수 있다. 젠트리피케이션에 대응해 공동체를 지키고 수익을 내는 모델이다.

Q 작은 기업은 젠트리피케이션에 대응하지 못할 텐데 어떻게 하면 되는가?

A 맞다. 그래서 땅값이 오르기 전에 땅을 미리 사는 것이 필요하다. 최근 런던 땅값이 큰 문제다. 최근 브릭스턴 남부 지역 주민이 철거가 진행되는 상황에서도 나가지 않고 데모해서 전국적으로 관심을 모으고 있다. 아직 답은 없고 싸워 가는 과정인 것 같다.

▌ 정책 착안사항

HCD는 마을기업, 공동체기업, 마을협동조합 등 지역 내 사회적경제 주체들에게 지자체 소유 토지와 건물을 필요로 할 때 그 기업의 사회적 가치와 공동체성 등을 고려해 무상 임대하거나 저리로 빌려준다. 또한 젠트리피케이션 현상을 자본주의 시스템이 바뀌지 않는 한 없애기 힘든 문제로 보면서도 이를 막고 예방하고자 전략을 짜 대응하고 있다.

첫 번째는 임대차보호법 추가 개정으로 현행 임대기간을 2년에서 3년 또는 5년으로 늘리는 것과 건물주가 특정 비율 이상으로 임대료를 올리지 못하게 해야 한다. 지역주권법처럼 건물 매매 시 임대인이 먼저 건물을 구입할 수 있는 권리를 확보하는 법령도 필요하다.

두 번째는 개발을 통해 급격한 지가상승이 예상되는 곳을 특구로 지정해 지역의 정체성에서 벗어난 무분별한 개발과 상업화를 제한한다. 예를 들어 조례 또는 지구단위계획 등으로 건물 신축 또는 개축 시 용도, 높이, 용적률 등을 제한한다.

세 번째는 지역사회 구성원이 자체적으로 마을 땅, 공동체 공간 같은 자산을 확보하고, 지가가 오르기 전에 매입할 수 있도록 무상 임대, 융자 같은 방법으로 지원한다.

네 번째는 지역개발신탁과 HCD와 같이 자산 운용 능력이 있는 지역사회 개발회사를 키워 이들이 주도적인 위치에서 민간자본과 경쟁하도록 해 공동체를 지키며 수익을 창출하도록 돕는다.

해크니 구에서 질레트 스퀘어와 문화센터 관리를 HCD에 맡긴 것과 같이 행정에서 직접 관리하는 공공시설을 이미 유사한 활동을 하는 지역 단체에 이양함으로써 예산 절감과 시설 및 공간 활성화를 꾀할 수 있다. 시설을 단순히 임대해 주기보다는 그 공간과 관련된 프로그램 운영 권한을 임대하는 방식이 적합하며, 사후 평가할 때 수익성보다는 활동의 사회적 가치와 공동체성 증진 정도로 평가하는 것이 바람직하다. 또한 지역 단체가 시설 관리 경험을 축적하기 전까지 성과를 재촉하지 않고 기다려 줘야 한다.

달스턴과 질레트 스퀘어 주변 이모저모

다문화 지역 람베스 구의 조직 혁신[44]

■ 협동조합 지자체 람베스 구

람베스 구(Lambeth Council)는 런던 시 남쪽 중앙에 위치하며, 가장 활발한 협동조합형 행정을 펼치는 자치구다. 인구는 30만 명 정도이고, 전체 주민의 40%는 영국계 백인, 나머지는 이민자이며, 이민자 중 흑인은 캐러비안과 아프리칸이고, 1960년대에 많이 이주한 포르투갈 이민자가 영국 내 최대 공동체를 이루고 있다. 이민자가 많아 람베스 구에서 통용되는 언어가 140여 개에 이른다.

람베스 구에는 런던에서 제일 부유한 주민과 빈곤한 주민이 공존한다. 런던에서 두 번째로 젊은 인구가 많아서 활기가 넘치는 지

---

44 레베카 엘리곤(람베스 구청 전략과 평등부서 팀장), 아드리안 스미스(람베스 구청 커미셔닝 디렉터) 강연. 2015. 8.

람베스 구청

역이기도 하다. 당면 과제는 중앙정부의 강력한 긴축 정책 탓에 영국 지자체 모두가 당면한 급격하게 줄어드는 재정 문제로 앞으로 3년간 9,000만 파운드(약 1,350억 원)를 더 삭감해야 한다. 재정수익은 점점 줄어드는 반면 노인 돌봄 서비스와 저렴한 주치의 서비스 등 주민들의 복지 수요는 늘고 있다.

중앙정부의 긴축재정으로 재정이 급격히 감소하면서 구청이 제공하는 공공서비스 예산이 대부분 삭감되었다. 그런데도 구민이 요구하는 공공서비스의 종류와 질이 날로 높아지자 2010년 출범한 민선 구청장 데릭 앤더슨(Derrick Anderson)은 구민 대상 공공서비스 혁신 방안을 찾았다.

람베스 구는 협동조합구(Co-operative Council)를 공표하고 '구민을 위한 구정이 아닌, 구민과 함께하는 구정'을 핵심전략으로 정의했다. 협동조합구는 단순히 지역 내 사회적경제 조직의 숫자를 늘리는 것이 아니라, 지역에서 요구하는 공공서비스와 관련된 모든 이해당사자가 협동하며 구민이 가장 만족할 수 있는 서비스를 제공하는 것이다. 매년 실시하는 설문조사를 보면 전반적으로 만족도가 올라가고 있다. 청년 람베스 협동조합(Young Lambeth Coop), 메이드 인 람베스(Made in Lambeth), 워크숍(Walk Shop) 등 혁신적인 프로젝트 34개를 시행해 성과를 거두고 있다.

■ 람베스 구의 과감한 도전과 비전

람베스 구는 새로운 비전을 세웠다. 지금처럼 지자체 예산이 50% 삭감된 상태에서 양질의 공공서비스를 제공할 수 있는 것은 거기에 동의한 정치인, 공무원, 시민사회가 함께 비전을 현실화했기 때문이다.

람베스 구에는 세 가지 특색이 있다. 서비스 종류가 아니라 어떻게 서비스를 제공하는가에 집중하고, 문제를 스스로 해결할 수 있다는 강한 의지와 믿음, 굉장히 많은 이해당사자와 파트너가 있다는 점이다.

람베스 구의 비전은 모든 주민에게 똑같은 희망과 동등한 기회를 제공하는 것이며, 양질의 서비스 제공, 예방, 회복에 초점을 맞춰 일하는 방식과 프로세스를 적용한다. 안전한 공동체, 정리된 환경, 일자리 창출이라는 세 가지 과제를 설정하고, 이것을 실현하고자 새로운 성과지표 13개를 만들었다. 성과지표는 제공하는 서비스의 달성 숫자를 표시하는 것이 아니라 실제로 구민의 삶이 어떻게 변화했는지를 측정하는 것으로 정의한다.

이후 한정된 예산과 자원을 사용할 때는 이 정의에 빗대어서 성과를 달성할 수 있는 서비스인가를 우선 의논하고, 예산의 우선순위와 규모를 정한다. 이전에는 어떤 서비스가 필요하다고 결정되면 구에서 예산을 배정했지 어떤 성과를 얻을 것인가 까지는 결정하지 않았다.

■ 사업성과 평가 사이클

새로운 프로젝트를 진행하려면 13개 지표 중에서 최소 하나의 성과에 부합해야 한다. 그리고는 그 서비스를 제공해서 성과를 달성할 수

람베스 구 전경

있는 증거가 무엇인지를 평가 잣대로 정의한다. 평가 잣대는 구에 있는 정치인, 공무원, 시민이 모여 성과와 서비스의 연관관계를 토론해서 결정한다. 그 다음은 지역에 있는 자원을 파악한다. 기존에는 자원이라 하면 책정된 예산을 말하는 것이었지만, 여기에서는 시민, 공간, 구, 지역, 정보, 지식 등 동원할 수 있는 모든 것을 뜻한다.

프로젝트 실행에 앞서 성과에 연계된 평가와 대상을 정리하고 시연한 뒤 처음 정의했던 평가지표에 합당한 결과가 나왔는지 확인한다. 그 결과 부합한다면 실행하고 그렇지 않다면 재정리하거나 다른 서비스를 찾아보기를 반복한다. 이런 방식으로 프로젝트 실행을 결정하기 때문에 사업 규모에 따라 한 사이클이 1년에서 1년 반이 걸리기도 한다. 물론 하루 이틀 만에 결정되는 경우도 있다.

이 사이클의 실례를 보자. 람베스 구의 장애인 건강 지원이 필요하다는 서비스 수요가 있었다. 그래서 구청의 해당 과가 직접 지원하거나 아웃소싱할 만한 민간 기업이나 단체를 찾아 맡기는 방법이 거론되었다. 마침 이 일을 수행할 만한 기관이 있었다. 이 기관에게 필요한 점을 묻고 아웃소싱 계약 시에 현금보다 구에서 가지고 있는 빈 공간을 달라고 했다. 이와 같이 어떤 성과를 달성하고자 할 때 현재 돌아가는 시스템에서 간과된 무언가를 찾아서 보충해 주는 방식으로 변화되었다.

■ 문제 해결을 위한 조직개편

일자리 창출도 중요한 일이다. 실업자 재취업에 가장 필요한 것이 무엇인가를 파악하고자 구에서 지원할 수 있는 일자리 정책을 검토한 결과 람베스 구 실업자에게 가장 문제가 되는 것은 취업 루트가 아니라 정신적 문제, 알코올 중독, 범죄 전력, 안정적 주택이 없어서 삶이 불안정한 상황 등이었다. 이에 따라 자금을 일자리센터 운영에 쓰지 않고 정신건강 증진, 안정적 주택 제공에 쓸 고민을 했다. 그러나 예산이 부족했기 때문에 조사한 자료와 문제 파악 결과를 가지고 중앙정부의 유사한 서비스를 찾아 예산을 확보했으며, 8~9개월간 개선사업을 진행한 결과 재취업률이 상승했다.

이런 과정은 정해진 서비스를 제공하는 기존 방식에서 해결 방법을 찾아서 연결하는 방식으로 업무가 변경된 것으로, 기존 조직으로는 방식이 바뀐 업무를 진행하기 어렵다고 판단해 2년 전에 대단위 조직개편을 시작했다. 어떤 문제를 어떤 방식으로 해결할지를 결정하는 위탁계약(커미셔닝(Commissioning) 클러스터), 결정된 것을 실행하는 서비스 제공(딜리버리(Delivery) 클러스터), 경영을 담당하는 경영지원(인에이블링(Enabling) 클러스터), 구의 변화하고 발전하는 비전을 담당하는 협동사업개발(코퍼러티브 비즈니스 디벨로프먼트(Cooperative Business Development) 클러스터)이라는 4개 부서가 만들어졌다. 기능별, 주제별(예: 주택국, 복지국, 환경국 등)로 짜여 있던 이전 부서가 4개 클러스터를 중심으로 개편된 것이다.

각 클러스터마다 최고 담당자를 새롭게 영입하고 디렉터와 매니저를 두었다. 그리고 새로운 협동조합 행동 체계를 정의했다. 일하는 방식이 바뀌었기 때문에 마음가짐, 행동, 우선순위 등을 새롭게 정의하는 프레임웍이 필요했다. 좀 더 구체적으로 말하자면 정치인, 주민, 공무원 사이에서 대화하는 방법, 예산 짜는 방법 등을 새롭게 정리한 셈이다.

조직을 개편한 지 2년 정도 지났다. 보통 지자체의 문제는 팀과 팀 사이에 놓인 벽으로, 서로 소통하지 않고 자기가 맡은 문제에 집중하면서 평가표에만 매몰되는 경향이 있다. 그러나 이렇게 조직을 개편하니 한 프로젝트를 준비하고 진행하는 과정에서 서로 의논하며 벽이 없어졌고, 이로써 모두가 한 사업에 집중하게 되었다.

■ 조직개편의 문제와 극복방안

이런 방식을 시행하면서 실수도 많았다. 영국 근대 지방정부가 생기면서 40년 정도 자리 잡은 방식을 바꾼 것이니 그럴 만도 하다. 대대적으로 조직을 개편했을 때 공무원의 문화, 생각, 행동강령 등의 변화가 바로 나타난다고 생각하면 안 된다. 2015년 선거에서 리더가 바뀌었기 때문에 이 시도를 재평가하는 기회를 갖게 되었다. 평가 결과, 변화를 가장 바라고 노력을 기울였는데도 바뀌지 않은 것이 공무원이었다. 그 이유를 파악하니 가장 많이 지적된 부분이 포지셔닝 방식으로 바뀌다 보니 프로젝트의 최종 성과에 대한 책임 소재와 역할이 모호한 점이 많았기 때문이었고, 그 다음으로는 13개 지표가 있는 목표를 실행하다 보니 현실적으로는 실행 목표가 너무 많았다는 점이다. 세 번째로는 매뉴얼에 따라 움직이면 비전에 맞게 제대로 실행되는지 잘 평가되고 모니터링이 되는 줄 알았는데 실행되는데는 어려움이 있었다는 점이다.

공무원 적응은 시간이 걸릴 일이라고 미뤄 두더라도, 아직도 구조와 평가지표가 명확하지 않다고 평가된 점은 보완이 시급하다. 많은 성과 중에서 무엇에 우선순위를 둘 것인지, 성과를 정확히 평가할 수 있는 좀 더 간단하고 확실한 데이터 수집 방법은 없는지 보완을 마련해야 한다.

레베카 엘리곤(람베스 구청 전략과 평등부서 팀장)
아드리안 스미스(람베스 구청 커미셔닝 디렉터)

Q 람베스 구청장은 시민이 선출하는가?

A 영국은 지자체마다 모델이 조금씩 다르다. 런던 시에는 32개 구가 있고, 람베스는 작은 내각제라고 보면 된다. 구의회는 63석이며 지방선거를 통해 구의원을 선출한다. 구의원이지만 한국의 구의원과는 많이 다르다. 의회는 구 행정을 직접 관장하고 구의회 63석 중에 과반수를 차지하는 당이 10명 정도를 뽑아서 내각을 구성한다. 구의원 내각의 리더가 람베스 구의 정치적 리더인 구청장이 되고 그와 별개로 구 행정을 운영하는 고용된 공무원인 CEO가 따로 있다.

Q 140개 언어를 쓰는데 문제는 없는가?

A 공무원들도 140개까지는 아니지만 주요 언어는 번역할 수 있다. 통역관이 진행하는 1대 1 상담 서비스도 있다.

Q 긴축재정 때문에 예산을 삭감한다고 했는데, 복지에 관해 중앙정부의 요구가 늘어난 것인가? 한국에서는 지방정부의 권한이 매우 약한데, 람베스 구는 내각제를 할 만큼 권한을 갖고 있는가?

A 람베스 구의 예를 들면, 구 재정 수익의 원천은 세 가지다. 가장 큰 것이 중앙정부의 지원이고, 두 번째는 지역에서 거둬들이는 세수이며, 세 번째는 직접 운영하는 수익사업이다. 중앙정부의 교부금이 가장 크다. 9,000만 파운드 이상 예산을 삭감해야 한다고 했는데, 중앙정부의 교부금이 그만큼 삭감되었기 때문이다. 이미 이전 예산에서 50%가 삭감된 이후에 9,000만 파운드를 더 삭감해야 하는 상황이다. 최근 영국에서는 중앙정부가 전체적으로 교부금을 삭감하는 정책 기조를 갖고 있다. 그러나 주민을 위한 복지 관련 업무는 대부분 지방정부에서 해야 하고 주민 요구는 점점 더 많아지고 있다. 이러한 배경에서 새로 선출된 리더가 2011년도에 람베스를 협동조합 지자체로 변환하면서 이런 문제를 해결하겠다고 선언했다. 협동조합 지자체에 대한 깊은 논의나 토론 없이 결정된 선언이어서 2011년 이후 3년 동안 이 의미에 대해 논의와 토론이 진행되었다. 긴축재정을 타결하고자 시민 참여 거버넌스를 어떻게 구성할지가 토론의 핵심 논제였다.

Q 방안을 찾았는가?

A 어떻게 하면 시민 참여를 이끌어 낼까, 공무원이 일하는 방식을 전환할 수 있을까, 정치인의 참여를 이끌어 낼까 하는 세 가지 과제에서 일하는 방식 전환이 키 포인트였다. 그래야만 제한된 재정 한계에서 양질의 공공서비스를 제공할 수 있기 때문이다. 2012~2013년 2년 동안 여러 가지를 테스트하며 배운 것이 있다. 첫째는 시민이 원하는 것과 구가 원하는 것에 차이가 있다는 점, 두 번째는 예전보다 솔직하게 정보를 공개하는 것이 중요

하다는 점, 마지막으로 지역 주민이 좋아하고 열정을 가질 수 있는 주제가 따로 있다는 점이다. 이런 학습을 바탕으로 실질적으로 주민이 원하는 서비스를 제공하고자 했다.

Q 방안을 찾는 과정의 사례를 듣고 싶다.

A 초창기 2년 동안 테스트해 본 서비스가 32가지였고 그중 청소년 람베스 협동조합이 있다. 청소년이 조합을 만들고 이 조합에 예산을 할당해 청소년 스스로 예산 배정을 결정하도록 했다. 같은 예산이지만 당사자들이 결정한다는 데 의미가 있었다. 또 다른 사업으로 메이드 인 람베스라는 IT프로그램이 있다. IT개발이 가능한 시민이 참여해서 람베스 구 문제를 IT로 풀 수 있는 방법을 제시하며 주말 동안 토론하는 프로그램으로, 재미있고 의미 있는 사례가 나오기도 했다. 워크숍(Walk Shop)이라는 프로그램은 비어 있는 상점을 이용해 누구나 쉽게 들어와서 상주하는 람베스 구 공무원에게 아이디어를 제시할 수 있도록 한 것이다. 가볍게 커피 한 잔 하면서 동네에 필요한 사항을 구청에 직접 이야기하는 시도였다. 32개 시범사업 중에서 잘된 것과 안 된 것이 있지만, 구청이 제공해야 할 양질의 서비스를 삭감된 예산으로 진행해야 한다는 근본적 문제는 풀 수 없다는 것을 느꼈다.

Q 결과적으로 얻은 결론이 조직개편이었나?

A 그렇다. 구청이 일하는 방식과 구조를 혁신하지 않으면 근본적 문제를 풀지 못한다는 결론이었다. 그래서 공공서비스를 새로운 조직 아래에서 공급할 수 있는 방법을 찾고 있다.

Q 협동조합과 민간기업에 차이를 두고 아웃소싱하나?

A 협동조합 지자체라고 해서 협동조합에만 일을 위탁하지는 않는다. 민간기업과 협동조합에 차이를 두지는 않고 공정하게 평가해 맡긴다.

Q 9,000만 파운드는 전체 예산에서 얼마나 차지하는가? 2년 동안 시민과 함께 예산 절감 해결점을 찾자는 생각은 누가 한 것인가?

A 2011~2019년 사이에 55% 예산을 삭감해야 한다. 협동조합 지자체 아이디어는 람베스 구의 내각 리더가 처음으로 제안했다. 람베스 구는 워낙에 시민사회가 활발한 곳이기 때문에 반대하는 사람은 별로 없었다. 구청 직원들도 제안을 심하게 반대하지 않았다. 다만 합의 과정에서 몇몇 정치인과 공무원 쪽에서 지자체가 할 일을 시민에게 떠넘기는 것이 아닌가 하는 비판과 우려는 있었다.

Q 어떤 과정을 통해 구조조정을 했는가?

A 지속적으로 토론했으며 지금도 토론하고 있다. 리더가 처음 제안했을 때는 단순하게 보였을지 모르나 2011년부터 5년 동안 계속 토론했다. 문제가 있으면 공청회도 열고 설문조사도 하는 등 주민 의견을 많이 듣는다.

Q 어떻게 해서 공직사회의 변화가 일어났는가? 단체장의 의지와 생각을 전달하는 데도 교육이 많이 필요했을 것 같다. 그리고 조직 개편에 대한 불만은 어떻게 해소했는가?

A 공무원 변화는 충분하지 않았다 지금까지는 워크숍을 많이 했고, 캠페인 송을 만들었으며, 모범사례를 쇼케이스로 만들어서 공유하기도 했다. 가장 중요한 것은 프로젝트 결과를 공무원이

체감하는 것이었다. 즉 주민의 변화와 사회적 변화를 공무원이 느끼도록 하는 게 중요했다. 전반적으로 보면 공무원 20%가 적극 참여, 20%는 적극 반대, 나머지 60%가 중도적 입장이었다. 중도적 입장을 적극 참여로 유도하는 방안이 중요했으며, 리더의 리더십도 큰 영향을 미쳤다.

Q 모어 잡 프로그램을 통해 실제 일자리가 많아졌는가?

A 정확한 통계를 몰라서 대답은 곤란하지만, 람베스 구 실업 문제의 특성은 일자리는 많으나 취업하지 않겠다는 인식이다. 취업하지 않는 사람의 정신건강 문제 등을 해결해 취업 의지를 갖도록 하는 것이 중요하다.

Q 예산의 50% 정도가 삭감되었는데, 서비스 공급 과정에서 변화를 준 것과 없어진 서비스의 수는 어느 정도인가?

A 어떤 서비스가 얼마나 중단되었는지에 대한 데이터는 없다. 그러나 청소는 하루에 한 번 하던 것을 이틀에 한 번, 보육서비스도 종일반을 반나절반으로 줄이는 등 시간을 줄였다. 데이터가 없는 이유는 더 이상 서비스 횟수로 평가하는 것은 의미가 없기 때문이다. 현재 주민이 필요로 하는 서비스의 성과만 평가한다.

Q 주민의 불만은 없는가?

A 전반적인 주민 공공서비스에 대한 설문조사를 보면 평균 점수는 올라가는 추세다. 그렇지만 기존 서비스를 없애는 것에 대한 불만을 표시하는 주민도 반드시 있다. 모든 주민이 예산 삭감 사실을 알고 변해야 한다는 것에는 공감하지만 없어진 서비스가 본인과 관련된 경우이면 불만을 갖는다. 아쉬운 부분이다.

Q 다른 구에서는 이런 상황을 어떻게 대처하는가?

A 구의 사업을 민영화하기도 하고, 몇 개 구는 합병, 어느 구는 단순히 서비스를 없애는 방식을 취하고 있다. 강조하고 싶은 것은 해당 구의 주민이 어떤 공동체를 형성하고 있는지, 역사적, 문화적 배경은 어떤지, 정치적 파워가 있는지에 따라 전략이 많이 달라진다는 점이다.

▌정책 착안사항

람베스 구는 중앙정부 예산 삭감에 따라 공공서비스를 감축해야 하는 상황에서 단순히 어떤 서비스에 예산을 투여하느냐가 아니라 어떻게 서비스를 제공하느냐 하는 관점으로 공공서비스를 혁신했다. 이를 위해 실질적인 성과 목표를 세우고, 여기에 맞춰 성과 중심으로 서비스를 제공하며, 목표를 달성할 수 있는 서비스인지 검토하는 과정이 필요했다.

람베스 구는 오픈 웍스(The Open Works)와 워크숍(Walk Shop)을 통해 시민의 적극적인 참여를 유도하고 아이디어를 수집했으며, 그 결과 3,500명 주민이 참여해 공예, 목공, 가드닝, 요리, 공공놀이터, 스킬 공유 워크숍 등 16개 프로젝트를 진행했다.

람베스 구는 과거에 부서 칸막이(단절) 문제가 있었으나 조직개편 이후 성과를 이루고자 누구를 쓰고, 어떻게 진행할지에 관한 토론이 전보다 자유로워졌으며, 서로 협조해서 한 팀으로 일하고 있다. CEO가 바뀌었어도 협동조합 지자체 의제는 그대로 이어 진행하는 것도 배울 점이다.

현재 국내 행정 조직은 업무 영역과 기능에 따라 부서 단위로 구성되어 있다. 행정 입장에서는 효율적인 시스템이지만 서비스를 받는 주민 입장에서는 불편한 경우가 많고, 부서 칸막이(단절)로 타 부서와 협력이 안 되며, 업무가 중복되는 등의 문제가 있다. 람베스 구와 같은 전면적인 부서 개편은 어려워 보이나 점진적으로 유사 업무와 서비스 기능을 묶는 방식으로는 조직을 개편해 나갈 수 있으리라 판단한다.

국내 60개 지자체가 가입하고 주민 참여 거버넌스, 사회적경제, 마을공동체, 도시재생 등 지속가능한 발전을 위한 정책을 선도하는 목민관클럽은 영국의 협동조합 지자체 혁신 네트워크(Cooperative Councils Innovation Network, CCIN)와 비견될 수 있는 한국의 혁신 지자체 네트워크다. 그러나 CCIN의 경우 단순한 정책 교환 이상의 의미를 갖고 있다. CCIN에서는 공통의 미션과 원칙, 실행전략을 갖고, 각 지자체에서 협동조합 지자체로서의 가치를 실행하며, 공동 연구와 프로젝트를 통해 여러 지역에 공통으로 적용할 수 있는 성과물을 축적하고 있다. 또한 지방분권을 위한 공동 행동도 하고 있다.

목민관클럽 역시 한국의 혁신 지자체 네트워크로서 여러 지자체가 공유할 수 있는 공동 미션과 원칙이 필요하며, 공동 연구와 프로젝트를 추진하는 등 위상과 역할 확대가 요구된다.

—
크로이던 구
러스킨 스퀘어 역세권
재생사업[45]

1960년에서 1970년대에 당시 신도시이던 런던 외곽 크로이던(Croydon) 구로 많은 공공기관이 이전했다. 이때 새로 조성된 건축물이 노후해 미관상 심각한 문제를 안고 있는 상황에서 2000년 전후 역세권을 중심으로 재개발을 진행했다.

■ 이해당사자들이 함께 만든 기본계획

크로이던 구는 런던의 재생계획 구역 중 가장 크며, 스탠호프(Stanhope) 부동산 개발회사[46]가 재생사업에 참여했다. 크로이던 구의 장점은

---

45 제이슨 마그레이브(스탠호프 부동산 개발회사 개발국장), 조 네트리니(런던 크로이던 구 도시계획국장) 강연. 2016. 5.
46 슈레더라는 연기금회사의 자회사로 러스킨 스퀘어와 주변 지역의 재생사업을 담당하는 주관 개발사임.

크로이던 구 전경

교통이 편리하고, 사무실 임대료가 아주 저렴하다는 점이다. 여기서 15분 만에 갈 수 있는 런던 도심 빅토리아 지역의 사무실 임대료가 1제곱피트당 100파운드인데 크로이던 구는 45파운드이다.

스탠호프가 개발하는 지역은 200만 제곱피트이며, 그중 3/4이 사무실 공간으로 제공되고, 주택 625호가 들어올 계획이다. 또한 오래된 주차장을 보수해 자동차 600여 대를 수용할 계획이다.

런던의 개괄적 도시계획은 런던 시에서 수립한 런던 플랜[47]이며,

---

47 런던 플랜이란 런던 시가 발표하는 전체의 도시개발계획 전략을 지칭함. 런던 플랜은 그보다 상위 계획인 중앙정부의 국가개발계획 정책 프레임워에 준하는 런던 플랜을 수립해 발표함. 현재의 런던 플랜은 2016년 3월에 발표된 2036년까지의 개발계획임. 런던 시 소속 33개 자치구의 도시계획은 항상 런던 플랜에 준해 제시해야 함.

런던 플랜에 따라 크로이던 구는 재생 구역으로 선정되었다. 2009년 9월 18일부터 3일간 해당 재생 구역 내 토지 소유자들이 모여서 재생 기본계획을 만들었다. 주요 이해당사자는 크로이던 구, 영국의 주택공급을 담당하는 주택공급청(Home & Communites Agency), 민간 기업(Menta and Stanhope), 영국 철도선로 공사(Network Rail), 영국 우정 그룹(Royal Mail Group), 런던 교통국(Transport for London)이며, 이들의 이해관계를 조율하면서 전체 재생 기본계획 수립과 건설을 진행하고, 모니터링과 관리 감독의 리더 역할은 크로이던 구가 담당했다.

크로이던 구 도시개발팀에서 이런 이해당사자들에게 각자 비전을 제시하도록 한 다음, 이를 바탕으로 공통된 비전을 함께 만들어 나가는 합의된 계획안을 도출했다. 그런 뒤에 실제 영향을 받는 주민이나 주변 사무실 회사원을 대상으로 여러 차례 공청회와 워크숍을 실시했다.

러스킨 스퀘어 개발 모형도

공청회 및 워크숍은 주민이 많이 참여할 수 있도록 주말에 개최했다. 이런 모임은 개발사업 현장에 위치한 고층 건물에서 진행했다. 건물의 가장 상층에 기본계획을 붙여 놓고 그곳에서 개발사업 현장을 바로바로 조망하며 계획과 비교하면서 의견을 경청했다. 모형도 만들어 주민이 직접 모형을 옮겨 보면서 의견을 제시할 수 있도록 했다. 이러한 과정을 거쳐서 토지 소유자와 주민이 모두 동의하는 기본계획을 수립했고, 구에서 만든 개발계획 지침과 일치하는지를 한 번 더 확인해 최종 기본계획을 확정했다.

크로이던 역

■ 동선을 고려한 재생사업

기차역에서부터 기존 지역을 어떻게 연결할지, 새로 개발되는 지역에서는 어떻게 사람들의 동선을 만들지 구역과 동선을 정한 뒤 각 개발구역의 용도를 확정하는 것이 첫 과제였다.

철도회사가 소유한 7.5에이커(약 9,180평) 규모의 버려진 땅에 사람들이 통행할 수 있는 양방향 인도를 만들 계획으로 역 출구를 기점으로 사람들이 자연스럽게 걸어가는 동선을 파악해 어디에, 어떤 규모로 인도를 만들지 관찰했다. 그리고는 차량 흐름을 살폈다. 차가 구역과 건물 사이를 어떻게 지나갈지, 구역과 구역 사이의 접근성은 어떻게 높일지를 분석하고, 남은 자투리땅을 어떤 공공 공간으로 만들지 고민했다. 분석 결과 기차역 출구와 입구에서 사람들이 가장 많이 마주치는 교차점이 보였고 그곳을 사람들이 모이는 공공장소로 디자인했다.

■ 도시재생사업을 통한 이미지 개선

크로이던 하면 답답하고 재미없는 베드타운이라는 이미지가 있다. 그런 인상을 바꾸는 것이 매우 중요해서 재생사업이 시작되기 전에 낡고 버려진 공간들을 이용해서 지역 이미지를 바꾸는 작업을 하고 있다. 이러한 목적으로 크로이던 플랫폼이라고 부르는 임시 팝업공간을 만들어서 여러 실험을 하고 있다. 주차장을 활용해 영화를 상영하고, 2주에 한 번씩 벼룩시장도 열며, 윔블던 경기가 열릴 때 단체 관람하는 공간으로 꾸미거나 구정 때 차이니즈 페스티벌을 개최하는 등 여러 이벤트를 연다.

문화 공간뿐만 아니라 이곳에는 레스토랑이나 카페도 입점했다. 몇 년간 운영해 보면서 구에서 구상하는 개념과 어울리는지 테스트하려는 것이다. 나중에 개발사업이 끝나 장기적으로 입주할 사업 모델을 선정할 때도 여기에서 테스트한 사업들을 참고해 기준을 만들수 있으리라 기대한다.

이런 것을 서둘러 시행하는 이유는 재생사업에는 많은 기간이 소요되므로 그 전에 크로이던 구의 이미지를 밝고 문화적인 도시로 바꿔 구 주민에게 밝은 변화를 기대하고 공감하게 하려는 것이다.

특히 단순히 물리적으로 새로운 건물을 짓는 것만으로 도시재생이 완성되는 것이 아니기 때문에 이러한 준비 작업은 매우 중요하

러스킨 스퀘어에 세워지는 건물

다. 새로운 공간에서 시민들의 삶을 윤택하게 바꾸어 나가는 소프트한 활동은 무엇인지를 잘 파악해 그러한 활동에 적합한 물리적 공간을 디자인해야 한다. 따라서 이러한 사전 임시 공간 활용을 통해 어떤 활동이 가능한지, 그중 어떤 활동이 지역 주민의 삶을 윤택하게 하고 전체 크로이던 구의 분위기를 생기 있게 바꿀 수 있는지를 가늠해 본다. 이러한 사전 경험은 후에 최종 물리적 공간의 디자인에 큰 영향을 미친다.

■ 도시재생에서 배운 교훈

이 재생사업에서 몇 가지 교훈을 얻을 수 있다. 첫째, 기본계획을 만들 때 구청이 앞장서서 토지 소유자와 여러 이해당사자를 모아서 공통된 비전을 합의하고 기본계획을 만들었다. 이 일을 진행한 2009년에는 매우 선도적인 접근 방식이었고 좋은 결과를 얻었다.

두 번째는 기본계획을 가지고 실제로 설계할 때 주민이나 이 지역 노동자와 끊임없이 토론했다. 자기가 거주하고 일하는 지역에 큰 변화가 생기면 그것이 긍정적이든 부정적이든 사람들은 두려워하기 마련이다. 이 프로젝트는 40년 동안 거의 사용하지 않던 땅을 재생하는 것이라서 그런 두려움이 더욱 클 수밖에 없다. 앞으로도 지속적으로 주민과 대화하고 비전을 공유해야 한다.

세 번째는 교통, 상수도, 전력, 난방, 주차장 등 주요 기반시설을 어디에 어떻게 배치할지 먼저 고려해야 한다는 점이다. 기본계획을 만들 때는 전력을 끌어올 수 있는 기반시설이 가까운 곳에 있다고 판단했다. 그런데 막상 개발을 진행하다 보니 전력이 부족했다. 결국 2킬로미터나 떨어진 전력공급지에서부터 터널을 뚫어 전력을 끌어와야 했고 공사가 15개월이나 더 걸렸다. 이때 터널 위치도 잘못 판단해서 3번이나 뚫어야 했다. 그래서 세세한 작업에 들어가기 전에 기반시설을 어떻게 해결할 건지를 먼저 결정하는 것이 중요하다.

네 번째, 재생사업은 시간이 오래 걸리기 때문에 중간 중간에 임시로 사용할 수 있는 공간을 확보하고 다채롭게 운영해 사람들이 비전을 계속 공유하고 결과를 기대하게끔 해야 한다.

제이슨 마그레이브(스탠호프 부동산 개발회사 개발국장)
조 네트리니(런던 크로이던 구 도시계획국장)

Q 한국에서는 개발할 토지가 정해지면 보통 대상지에 대한 사업을 공모한다. 개발사업자가 사업계획서를 제출하면 심사해서 결정하고, 결정된 사업자가 진행한다. 러스킨 스퀘어는 여러 토지 소유자의 의견을 모아 추진한 것이 놀랍다.

A 여기도 토지 소유자가 시청이거나 구청일 경우는 한국과 같은 방식으로 추진한다. 이 프로젝트가 달랐던 것은 개발 대상지가 모두 민간 소유 토지였다는 점이다. 크로이던 구가 판단하기에 도시재생에서 중요한 곳은 역 바로 옆과 그 주변의 적지 않은 부지였고, 이를 함께 묶어서 재생해야 할 필요가 있다고 판단했다. 그 부지의 많은 부분을 철도회사가 소유하고 있었고, 그 외 스탠호프 사를 포함해 토지 소유자가 여럿 있었다. 그래서 토지 소유자를 일일이 만나 설득해 나갔다. 스탠호프 사는 크로이던 구가 느꼈던 같은 고민, 즉 재생단지에 갖고 있던 일부 토지만을 개발하는 것보다는 주변 지역이 너무 낙후되었기에 이를 함께 묶어서 재생할 때 그 효과가 더 커질 것이라는 생각을 하고 있었다.

그러던 중 같은 생각을 갖고 있던 크로이던 구가 먼저 주변 땅주인이 같이 모여 계획을 만들어 보자고 제안해 참여하게 되었다. 구가 토지 소유자를 설득해서 공통된 기본계획을 만든 것은 영국에서도 흔치 않은 일이었다.

Q 그렇다면 이해당사자들이 지분을 가지고 공동으로 개발사업을 추진하는가?

A 모든 투자금은 스탠호프 사가 투자한 것이며, 크로이던 구가 투자한 돈은 하나도 없다. 토지 소유주도 자기 구역 개발사업비는 직접 투자했다. 많은 기반시설을 만드는 데 누가 자금을 내느냐 하는 것은 섹션 106에 따라 결정된다. 구청에서 건축 허가를 받

크로이던의 정책을 설명하는 조 네트리니 크로이던 구 도시계획국장

을 때 그 대가로 지역에 공헌하는 비용이다. 전철 업그레이드, 학교 건립, 공공 공간 조성, 다리를 만드는 데 일정한 자금을 받고 건축 허가를 내주었다.

Q 협의를 통해 진행하는 과정이 많다. 협의 과정을 개략적으로 알고 싶다.

A 모든 이해당사자가 모여서 대화를 시작한 것이 2009년이고 이해당사자의 동의를 이끌어 내 1차로 기본계획이 나온 게 2010년이다. 실제로 건축 허가를 받는 데 2010~2012년까지 2년이 걸렸다. 즉 합의된 기본계획 수립에 1년, 디테일한 부분을 협의하는 데 1년이 걸렸다. 버려진 땅을 정비하는 데 2012~2015년까지 3년이 걸렸다. 실제 공사는 2015년에 착공했고, 2016년에 처음으로 사무실동 2개가 완공되었다. 앞으로 공정은 7년이 더 소요되리라 예상한다.

Q 개발계획 때 개발사업의 비용과 수익이 나올 텐데, 사업자 선정 이후 토지 소유자, 주민과 대화를 계속하다 보면 시간이 경과되어 기존의 수지분석이 달라져서 사업 추진에 차질이 생기지는 않는가?

A 기본계획을 세울 때 구청과 함께 먼저 수지분석을 하고 6개월에 한 번씩 재검토해 나간다. 사업계획이 변경되면 공식에 변수를 넣어 보고, 변경이 필요한 경우에는 구청과 협상해서 변경할 수 있다. 수지분석에 대한 계산 공식이 따로 있어서 시간은 오래 걸리지 않는다. 처음에 스탠호프 사가 개발을 시작했는데 연면적이 200만 제곱피트 이상 되어야 수지타산이 맞는다는 계산이 나

왔다. 이때 스탠호프 사와 구청이 정책에 맞추면서 조율하고 협상하는 데 1년이 걸렸다. 이후 계속해서 수지타산이 맞는지 모니터링하면서 변경이 있을 경우 구청과 협의해 나간다. 전체적이고 통합적인 그림을 같이 그렸기 때문에 변경이 필요할 때에도 구청과 대화를 지속할 수 있는 근거가 되므로 수지타산을 맞추는 데 크게 문제되지 않는다. 다른 토지 소유주와도 마찬가지다.

▌정책 착안사항

행정 주도로 지역의 개발회사 토지 소유주 및 주민, 노동자 등 이해당사자의 의견을 수렴해 공통된 비전 합의와 기본계획을 수립했다. 통합적인 비전을 행정과 함께 수립했으므로 변경이 필요한 때에도 협의를 통해 변경이 용이한 환경을 구축했다.

지역에서 오랫동안 활동한 개발자(스탠호프)가 도시재생계획을 수립하고, 사업 자금을 구성해 구체적 실행계획을 제시하면 공공기관에서 이를 토대로 개발 방향을 설정하고 광역적이고 중장기적인 도시개발계획을 수립했다. 이로써 해당 지역의 역사와 문화, 사회적 특성이 최대한 반영된 기본계획이 마련되어, 도시의 다양성을 수용하면서도 전통성을 확보할 뿐만 아니라 모두가 공감하는 균형 잡힌 도시발전 토대를 조성했다.

자본 투자자와 개발업자 중심의 대규모 개발사업은 지역사회 존립을 위협하고 원주민 퇴출, 세입자와 서민의 삶의 터전 상실 같은 많은 문제점을 일으킬 수 있다는 사실을 잘 알며, 그런 일이 발생하지 않도록 많은 시간과 정성을 들이고 있다. 젠트리피케이션 개념을 도시 공간 문제에 처음 적용한 나라답게 개발 방향 설정 단계부터 지역 구성원 모두가 참여해 각자의 이해관계가 충족될 때까지 협의하는 과정을 반복하지만, 이 과정에서 필요 이상으로 무리한 요구를 한다거나 새로운 개발업자에 따른 변칙적 사업변경 등이 허용되지 않는 성숙된 사회 환경과 시민의식이 돋보인다.

안산의 초지역세권 개발처럼 장기간 소요되는 대규모 개발이 예정된 부지에 임시로 문화 및 상업공간을 만들어 운영하면 좋을 것 같다. 밝고 문화적인 이미지를 만들어 초지역세권의 변화를 미리 맛볼 수 있는 장으로 활용할 필요가 있다. 정기적으로 개최하는 거리극 축제 외에도 25시 광장 및 시내 곳곳의 유휴 부지를 활용해 문화 이벤트를 개최하고, 새롭게 형성된 선부역 광장에서 문화 이벤트도 계획해 보면 좋겠다. 원곡동 다문화 거리에서는 크로이던 구의 사례를 참고해 설날(구정)에 차이니즈 페스티벌을 개최해 보는 것도 좋을 듯하다.

포플라 하르카의
주택재생사업[47]

■ 주택사업을 통한 사회, 경제, 문화 재생

포플라 하르카(Poplar HARCA)는 런던 동부 타워 햄릿(Tower Hamlets) 구 보우(Bow)의 마을 포플라에서 공영주택을 운영하는 비영리조직 으로 1988년에 설립되었고, 현재 주택 9,000채를 운영한다. 하르카 (Housing and Regeneration Community Association, HARCA)는 '주택과 공 동체 재생산 협회'라고 부를 수 있겠다.

처음에는 타워 햄릿 구에서 가지고 있던 공영 임대주택을 포플 라 하르카가 유지보수하는 운영권을 인도받은 것에서 시작되었다. 타워 햄릿 구는 많은 공영 임대주택을 소유하고 직접 유지보수하며

---

47 폴 오그레이드(포플라 하르카 창조와 혁신팀 팀장), 프란세스카 콜로카(포플라 하르카 액센트 프로젝트 팀장) 2016. 5. 강연

주택의 질을 유지하는 게 비효율적이라고 판단했다. 이런 경우에 하우징 어소시에이션(Housing Association)이라는 주택 관리 전문 비영리기관에 양도해서 운영하도록 하는 경우가 있었는데, 하르카가 바로 그런 곳이었다.

　1980년대 후반에는 그런 일이 많았고, 그때 만들어진 주택 관리 전문 비영리기관 중에서 포플라 하르카는 중간 정도 규모였다. 아주 작은 공간에 주택 밀도가 높은 것이 특징으로, 4제곱마일에 주택이 약 9,000채 있으며, 상점 100여 개에 공원도 있고, 16개 주민 센터가 있다. 현재 주택 9,000채 중 1/3은 포플라 하르카가 직접 소유한 것이다.

타워 햄릿 구와 뉴햄 구 전경

포플라 하르카는 주택만 유지보수, 관리하는 것이 아니라 사회적, 경제적, 문화적 도시재생사업을 지속적으로 진행하는 점이 다른 비영리 주택 관리 기관과 다르다. 당시 이 지역은 대학 진학률, 실업률, 보건건강지수가 낮았으며 무엇보다도 빈민층 청년의 밀도가 런던에서 가장 높았기 때문에 포플라 하르카의 역할은 중요하다.

포플라 하르카는 16개 주민 센터에서 동시 다발적으로 예술, 문화 관련 프로그램을 운영하고 지역 청년을 위한 취업이나 창업교육을 한다. 도시재생이 단순히 물리적 공간을 새롭게 만드는 것만이 아니라 문화, 공동체, 창업, 새로운 기술 등 지속가능한 것을 중심에 두어야 한다는 점에서 주택의 유지보수 관리만큼이나 중요한 일이다.

■ 지역경제 활동에 기여

포플라는 오랫동안 기회도 없었고 산업 활동도 없었던 그야말로 아무 일도 일어나지 않았던 우울한 동네였다. 따라서 일자리도 창출되고 산업도 유치해야 하며, 변화 성과가 주민에게 돌아가도록 해야 했다. 그래서 다양한 창업을 통해 주민들이 경제활동에 참여할 기회를 늘리는 데 중점을 두었다.

우선 주차공간으로 쓰이는 자투리땅 중 포플라가 소유한 활용도 낮은 공간을 창업하는 이들에게 싼 가격에 빌려줄 방안을 찾았다. 그 일환으로 오픈 포플라(Open Poplar) 프로그램을 운영했다. 자투리 공간을 표시한 지도를 배포하고 지역 주민뿐만 아니라 누구라도 와서 창업을 제안하도록 했다. 포플라 하르카는 상담을 통해 가능성을 살

포플라 하르카가 소유 관리하는 주택과 놀이터

포플라 지역 상가와 임대주택

피고 마케팅, 융자 같은 지원 방안을 찾아 주었으며, 이런 과정을 통해 2년간 40개소가 창업했다. 앞으로도 점점 확대되리라 기대한다.

또한 구의 건축 허가권을 활용해서 민간 개발업자들이 새로운 건물을 지을 때 저렴한 사무실을 만들도록 했다. 크리습 스트리트(Chrisp Street)라는 곳에서는 임대료가 저렴한 사무실을 제공한다. 한 달에 한 번씩 창업 워크숍을 진행하고, 창업과 기업 성장을 위한 기금도 마련해 대출도 해 주고 있다. 이곳에는 현재 150개 회사가 들어와 있다.

패션 포플라(Fashion Poplar)라는 프로그램도 흥미롭다. 런던 시가 런던 동쪽 지역에 거대한 패션 클러스터를 조성하는 대규모 재생 전략 중 하나에 포플라가 포함되면서 런던 시와 관련 대학에서 지원금을 받게 되었다. 81대가 주차할 수 있는 버려진 차고를 개조해 패션 사업 공간으로 활용한 것으로, 디자이너들이 작품을 만드는 공간, 런던 패션스쿨에서 교육프로그램을 운영하는 공간, 옷을 만드는 공장, 패션을 주제로 창업할 수 있는 공간, 이벤트를 개최할 수 있는 공간으로 구성되었다.

이 프로젝트가 흥미로운 것은 이미 있는 자원이 무엇인가를 발견해서 그것을 극대화했으며, 지역 주민이 일자리를 찾아서 진입할 수 있는 여지를 만들었다는 점이다. 그리고 런던 예술대학교(University of the Arts London)와 런던 크리에이티브 패션(London Creative Fashion)이라는 유럽에서 가장 오래되고 권위가 있는 패션디자이너 양성 기관이 참여한다는 점이다.

■ 기회와 과제

포플라에 큰 변화 기회가 몰려왔다. 커다란 재생사업 구역의 중심에 위치하기 때문이다. 우선 런던 플랜이라는 장기적인 도시계획이 있고, 타워 햄릿 구, 인접한 뉴햄 구의 도시계획과 올림픽 공원 조성계획, 카나리 워프의 개발계획이 있다. 최근 발표된 런던의 주택정책인 하우징 존에도 이곳이 포함되었다. 이렇듯 많은 도시계획과 도시개발 전략이 중첩된 지역이다.

포플라에서 4분이면 카나리 워프, 9분이면 올림픽 공원이나 로열 도크에 닿으며, 앞으로 10년 사이에 이 공간의 인구가 2배로 늘

카나리 워프 전경

어날 것으로 전망한다. 카나리 워프 옆 우드 워프(Wood Wharf)라는 곳에는 새로운 택지가 개발되면서 약 1,000세대가 들어올 예정이고, 올림픽 공원 쪽에도 새로운 주택단지가 조성되고 있다. 더욱 대단한 것은 런던의 주택 재공급 지역으로 지정되면서 앞으로 주택 10,000호가 더 들어설 계획이다.

이렇게 많은 도시계획에 편입되어 있으나 주민 휴식공간이나 문화활동 공간, 일자리나 취업을 위한 공간 같은 공공시설 계획은 전혀 없다. 4차선 도로와 철로, 강 등으로 단절된 이웃 지역과의 연결 방안도 마련되지 않았다. 그래서 포플라 하르카는 부족한 공공시설과 인프라 확충을 요구하며, 원래 있었던 지역 주민의 역량과 자원, 특성을 잃지 않고, 다가온 기회를 잘 활용하는 것을 과제로 삼고 있다.

폴 오그레이드(포플라 하르카 창조와 혁신팀 팀장)
프란세스카 콜로카(포플라 하르카 액센트 프로젝트 팀장)

Q 구(공공기관)에서 공영 임대주택을 많이 소유하고 있었던 이유는 무엇인가?

A 전쟁이 끝난 후 노동당이 집권하면서 1950~1970년까지 중앙정부에서 공영 임대주택을 많이 지었다. 특히 이 지역은 폭격으로 주택이 많이 파손되어 중앙정부가 집을 더 많이 지었고, 나중에 이것을 지방정부가 받아 운영하게 되었다.

Q 포플라 하르카는 구의 도시재생사업을 염두에 두고 만들어진 것인가?

A 1990년대에 주택의 질을 유지하도록 하는 표준을 규정하면서 주택 유지보수 때 그 표준을 지켜야 했다. 그러나 지방정부가 여력이 부족해지면서 포플라 하르카와 같은 하우징 어소시에이션이 생겨나게 되었다.

Q 포플라 하르카의 주민 프로그램은 도시재생사업을 하며 생겨난 것인가?

A 초창기부터 주민을 위한 사회적, 경제적, 문화적인 지원 프로그

램을 꾸준히 진행해 왔다. 최근 2~3년 사이에 일반적인 프로그램이 창업 및 일자리를 만드는 형태로까지 진화했다. 처음에 시작했던 16개 주민 센터를 중심으로 한 청소년, 취업, 건강 프로그램 등은 지금까지 운영하고 있다.

Q 구청에서 재정을 지원하는가?

A 직접적인 금전 지원은 없다. 구에서 양도한 공영 임대주택에서 발생하는 수익으로 운영한다.

Q 포플라 하르카 외에 다른 경쟁자는 없었는가? 정부 입장에서는 더 좋은 제안이 있다면 그곳에 사업권을 줄 것 같다.

A 이 지역에는 경쟁사가 없었고, 구청이 개입해 사업권을 정리한다. 다른 지역에서는 경쟁하는 비영리단체가 있었다.

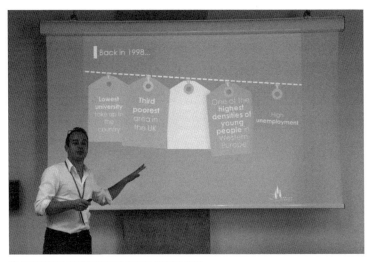

폴 오그레이드 포플라 하르카 창조와 혁신팀 대표

Q 런던 도시계획에서 주택 10,000호를 짓는다면 이곳의 주택 보급률은 얼마나 되나?

A 정확하지는 않지만 주택 보급률이 수요에 못 미쳐 50% 미만일 것으로 안다. 그리고 중앙정부에서 4,000만 파운드(약 600억 원)를 들여서 지역에 기반시설을 만들기로 했다.

▌정책 착안사항

우리나라에서는 사회적, 제도적 차이가 있어 현 시점에서 포플라 하르카 같은 제3섹터에 공동체 운영, 관리를 위탁하는 데는 한계가 있다. 그러나 사회적 목적과 산업적 목적 두 가지를 모두 만족시키며 공동체를 관리, 운영할 수 있는 대안적 모델인 것은 분명하다.

소유한 토지 혹은 건물을 무상 또는 저리로 임대해 지원하고, 시범사업을 기획해 제3섹터가 공동체 관리, 운영 경험을 쌓을 수 있도록 지원할 필요가 있다.

지역경제 활성화를 위한 도시재생 전략의 일환으로 노후한 공간 개선과 더불어 주민이 지역사회에서 원활하게 경제활동을 하도록 역량강화에 대한 지원이 필요하다.

포플라 하르카는 지역단위 개방형 정보공유 홈페이지(Open Poplar, http://openpoplar.com)를 운영해 공간 이용률이 떨어지는 곳의 목록을 공개하고, 누구에게나 그 공간을 활용할 수 있도록 기회를 제공한다. 도시 내 특수 거점 지역을 대상으로 공간을 상호 공유할 수 있는 시스템을 구성하면 효과를 볼 수 있을 것 같다.

도시가 보유한 인적 그리고 물적 자원(예: 소재 대학교 및 연구기관 등)을 적극 활용해 지역산업 활성화에 기여하는 방안도 필요하다.

소셜 라이프의
지속가능한 도시재생[48]

■ 사람 중심의 도시재생

소셜 라이프의 슬로건은 장소를 새로 만드는 중심에는 항상 사람이 있다는 것이다. 소셜 라이프는 영 파운데이션(Young Faundation)[49]에서 독립해 2012년에 설립되었다. 소셜 라이프의 모토와 정신은 마이클 영(Michael Young)[50]에게서 영감을 받았다. 마이클 영은 사회적기업가이자 정치가이며 사회혁신가이기도 하다.

---

48 니콜라 베이컨(소셜 라이프 디렉터) 강연. 2015. 8.

49 영국의 사회혁신 비영리단체. 1950년대 후반 사회운동가인 마이클 영(M. Young)이 만든 공동체 연구소와 상호부조센터라는 사회사업 조직을 통합해 2005년 새로 설립했음. 건강, 고령화, 교육, 지역사회, 주거, 복지 등 다양한 분야에서 새로운 관점으로 사회 문제를 해결하는 방법을 모색했고, 특히 사회적기업 육성의 원조로 알려짐. 단체는 현재 세계적으로 40여 개 소셜 벤처기업을 운영하고, 지역사회에 공헌하는 60개 이상의 소셜 벤처 설립을 지원하고 있음.

50 마이클 영(Michael Young, 1915.8.9.~2002.1.14.). 영국의 사회학자이자 사회 운동가, 정치인이자 영국의 사회혁신 비영리단체인 '영 파운데이션'모델의 영감이 된 사회혁신가임.

설립 목표는 사회적 관계 회복을 통해 인간과 사회를 중심에 둔 도시 만들기로, 사람과 장소와의 관계에서 모든 사회 문제를 해결하는 것을 과제로 삼고 있다. 조직이 가장 고민하는 문제는 현대사회에서 사람들이 살아가는 공간이 더 이상 사람을 행복하지 못하게 한다는 점이며, 그래서 사람이 만들어 낸 공간 속에 사람들은 보이지 않는다는 것이다. 이런 문제에 당면했을 때 지금까지 취했던 방법은 건물을 새로 짓거나 공간을 만드는 등 물리적 해결에 천착했지만 성공하지 못했다.

그래서 소셜 라이프는 실용적이고 현실적인 사례를 모아 무엇을 개선할 수 있을지, 사람들 삶의 질이 나아질 수 있을지에 집중한다. 그중에서 집중하려는 것이 사회적 지속가능성이다. 많은 사람이 경제적, 환경적 지속가능성을 많이 거론하지만, 사회적 지속가능성에 대해서는 아직 관심이 적은 편이다.

■ 사회적 지속가능성에 대한 프레임웍

소셜 라이프는 사회적으로 지속가능한 장소를 만들려면 무엇이 필요한지에 대한 프레임웍을 만들었으며, 「사회적 지속가능성에 대한 프레임웍(Design for Social Sustainablility: a framework for creating thriving communities)」이라는 보고서를 출간했다.

첫 번째로 필요하다고 생각한 것은 주민 센터, 학교, 보건소 같은 기반시설이다. 두 번째로는 문화적인 활동과 이벤트가 필요하며, 세 번째는 주민의 목소리가 반영될 수 있도록 자기가 사는 곳과 관

서덕 구의 주택 재개발 현장

련해서는 자신이 의사를 결정할 기회를 제공하는 것이다. 그리고 네 번째는 공간이 계속 성장하고 확장되는 것을 염두에 두고 미래의 변화를 예측해 공간을 설계하는 일이다.

　지금 영국 정부에서 추진하는 도시재생 정책은 1981년 4월 낙후지역에서 일어난 폭동에서 출발했다고 할 수 있다. 이와 관련한 「스칼만 보고서(Scalman Report)」가 유명하다. 1981년 11월에 발표된 보고서의 핵심은 사회 통합이었다. 「스칼만 보고서」가 나온 뒤에 15년 동안 중앙정부는 도시재생에 많은 돈을 투자했다.

　그런데 2010년 이후 긴축재정을 펴면서 예산이 삭감되었고 현재 많은 지원이 끊긴 상태다. 그러다 보니 현실과 통계가 많이 달라서 주택이 많이 모자라는데도 임대주택을 헐어 버리고 민간을 끌어들여 아파트를 세우겠다고 계획하기도 했다. 당연히 사람들은 모두 이에 반대했다. 한 예로 브릭스톤 임대주택의 유휴 부지를 아파트로 재개발하겠다는 의사를 밝히자 사람들은 브릭스톤 그린(Brixton Green)이라는 캠페인 그룹을 조직해서 자신들의 목소리를 내기 시작했다. 브릭스톤 그린은 지역 주민을 위한 공공시설이나 협동조합형 주택을 지을 것을 요구했고 수년간의 협상을 벌인 끝에 결국 관할 관청인 람베스 구가 지역사회와 상의하면서 협동조합형 주택을 만들 것을 약속했다.

소셜 라이프는 람베스 구와의 협상이 타결될 때까지 3년간 브릭스톤 그린과 함께 활동했다. 우선 소셜 라이프는 나이, 인종, 민족에 따른 브릭스톤의 여러 사람을 모아 워크숍을 개최했다. 10번의 워크숍을 숙의 워크숍(deliberated workshop)[51] 방식으로 진행했으며, 주택, 환경, 보건, 교육 등 주제에 따라 그룹으로 나눠 진행했다. 각 그룹끼리 3번 모임을 가진 뒤에 도출된 의견을 지도에 시각적으로 표현해 설명하는 방식이었다. 결과적으로 가장 요구가 많았던 것은 주택이었으며 사람들의 바람대로 협동조합형 주택을 만들기로 했다.

브릭스톤뿐 아니라 서덕 구(Southwark Council) 소유의 런던 최대 임대주택 단지의 재생에도 참여한다. 그곳은 많이 노후했고, 빈곤 계층이 많으며, 범죄도 많이 발생한다. 1997년부터 이 건물에 대한 방안이 많이 논의되었지만 지금까지 어떤 계획도 실현되지 못했다.

---

51 워크숍을 운영하는 테크닉으로 논의할 논제가 있으면 한 번에 끝내는 것이 아니라, 정보와 대상을 다 알려 주지 않고 부분만 알려 줌. 그런 다음 지난 번 나온 결론과 다른 관점을 보여 줌으로써 다양한 각도에서 많은 의견을 들을 수 있도록 개발된 방법임.

어쨌든 지금도 임대주택 조합과 관할 관청인 서덕 구가 대화하면서 재개발할 것인지, 아니면 존치할지에 대해 논의하고 있다. 서덕 구는 소셜 라이프에게 주민들이 어떤 삶을 살고 있는지, 주택에 대한 의견은 어떤지 전수조사를 부탁했다.

소셜 라이프에서는 세 가지 방법으로 주민 의견을 들었다. 주택 단지에 테이블을 놓고 주민 500여 명에게 답을 듣기도 하고, 몇몇 그룹을 초대하거나 설문지를 돌려서 의견을 모으기도 했다. 이렇게 취합한 의견을 서덕 구에 제공했으며, 서덕 구는 재생이든 재개발이든 이 지역을 새롭게 변화시키는 계획을 18년(2014~2032년) 동안에 마련하려 한다.

소셜 라이프는 앞으로 구청 공무원이나 소셜 라이프 연구원처럼 외부인이 아니라, 재생사업의 대상이 되는 주민이 직접 이웃의 의견을 듣는 조사자 역할을 하도록 교육하려고 한다. 이웃이 직접 의견을 들으러 다니면 더욱 솔직한 이야기를 들려줄 것으로 보기 때문이다.

니콜라 베이컨(소셜 라이프 디렉터)

Q 일하면서 가장 어려웠던 점은 무엇인가?

A 공공기관(구청)과 주민 사이에 불신이 있을 때와 주민 그룹이 서로 믿지 못할 때다. 특히 주민 그룹끼리 반목하며 뒤에 어떤 의도가 숨어 있지 않은지, 특정 그룹에게만 개발 혜택이 돌아가지 않을까 의심할 때, 그걸 해결하는 게 힘들었다.

Q 주민에게 직접 의뢰받기도 하는가?

A 주민은 돈이 없어서 무상으로 프로보노(Probono)[52]와 같이 해 주는 경우도 있고, 돈을 약간 받고 하는 경우도 있다.

Q 18년이라는 기간이 일반적인가?

A 기간이 긴 것은 자금 때문이기도 하다. 단지가 크고, 건물을 새로 고치려면 돈이 많이 들기 때문에 보통 이런 대규모의 재생사업은 사업 기간이 길다. 그래서 주민의 삶이 더 어려워지는 경우도 생긴다.

---

52 어떤 특정 주제의 전문가가 보수를 받지 않고 개인이나 단체에게 자신의 전문 지식을 활용한 서비스나 상담을 제공해 줄 때, 이러한 전문가를 지칭함.

Q 브릭스톤 워크숍 이후의 단계는 어떻게 되는가?

A 협정을 맺은 다음 계획을 만들고 있다. 1년 내에 계획을 세우고, 3년 내에 모든 계획을 끝낼 것이다.

Q 한국에도 재개발지역이 많은데, 나이 많은 분들이 많이 산다. 그 분들은 더 이상 개발에 돈을 보태고 싶어 하지 않는다. 또한 거의 모든 재개발 지역에서 조합이 결성된 곳과 비상대책위 사이에 법정 분쟁이 일어나 기간이 늘어지고 매몰 비용만 늘어나서 소송이 발생하는 상황이다. 이런 사례들이 여기에도 있는가?

A 아주 똑같은 문제가 영국에도 있다. 임대주택의 경우 보수당인 마가렛 대처가 수상이 되면서 주민이 원하면 지자체가 임대주택을 거주민에게 팔아야 하는 법령을 만들었다. 이 주택단지에도 그때 집을 산 가구가 20%이고 지금은 그들 역시 빈곤층이다. 구청은 주택이 매각되어 사유화된 가구를 대상으로는 재개발 지원이 힘들다고 한다. 또한 허물고 새로 짓는 동안 거주 공간이 없는 것도 문제인데 해결방안을 못 찾고 있다.

Q 3년밖에 안 된 시점에서 18년을 내다보는 일이 쉽지 않아 보인다. 이 일을 완성하려면 시간이 오래 걸릴 텐데, 소셜 라이프는 어떻게 재원을 조달하는가?

A 부동산 개발업자와 큰 사업을 진행했기 때문에 독립할 수 있었다. 당초 영 파운데이션에서 나온 연구 결과와 프레임웍을 보고 공동체의 지속가능성을 평가하는 평가지표를 만들었다. 부동산 개발업자는 영리 입장에서 여러 사실에 기초해 디자인하고, 만들었을 때의 효과를 알고자 그 사업을 맡겼다고 한다. 사업 결과

를 바탕으로 평가측정 및 컨설팅을 하며, 3년이 지난 시점에서부터 돈을 버는 부분과 못 버는 부분이 점차 명확해지고 있다.

Q 재개발에 앞서 주민과 해야 할 일이 무엇이라고 생각하는가?

A 우선 재개발을 통해 그들 삶에 어떤 변화가 올 것인지를 설명하는 게 좋을 것 같다. 그리고는 그런 비전에 대해 어떻게 생각하는지, 그러한 재개발이 필요하다고 생각하는지, 그렇지 않은지, 그렇지 않다면 무엇 때문에 반대하는지, 다른 방식으로 재개발을 진행한다면 지금 생각을 바꿀 수도 있는지 등을 물어 분석해야 한다. 사람들은 대부분 처음에는 불신하는 편이어서 서로 알아 가는 시간이 반드시 필요하다.

Q 외부 전문가로서 주민 속으로 들어가 일하는 게 어렵지는 않은가? 소셜 라이프에서 생각하는 주민, 행정, 전문가의 역할은 무엇인가?

A 맞는 말이다. 어렵다. 일단 소셜 라이프는 주민에게 먼저 의견을 내지 않고 그들이 많이 이야기하도록 한다. 인내심을 갖고 충분히 기다린다. 그리고는 주민 스스로 프로젝트를 수행할 수 있도록 교육한다. 그리고 소셜 라이프는 구청과 주민 사이에서 서로 소통하도록 돕는 역할을 한다. 일반적으로 돈과 권력이 주민보다는 행정에 있기 때문에, 비록 혁신적인 지자체일지라도 주민은 구청을 100% 신뢰하지 않는다. 주민이 쫓겨나는 경우도 있기 때문에 자기들이 피해자라고 느낀다. 권력과 힘이 기울어진 관계에서 잘 소통하도록 하는 것이 전문가의 영역이라고 생각한다.[53]

Q 갈등 조정과 제도는 우리에게도 필요하다고 본다. 좋은 모범이 나오면 한국에서 잘 활용하겠다.

A 소셜 라이프에서는 여러 나라에 이런 모델을 시도해 보려고 한다. 언제든지 원하면 대단지 주택재개발사업을 해 보고 싶다. 현실적으로 크게는 못하겠지만, 시범사업을 해 보면 좋겠다.

Q 안산에는 40개 단지가 재개발 중이다. 재개발이 늦어지면 사회적, 경제적으로 문제가 많아진다. 주민들이 불편해지고 손해를 입는다. 안산 개발에 참여한다면 소셜 라이프에서 얻을 수 있는 성과는 무엇인가? 18년까지 기다릴 수 있겠는가?

A 18년은 긴 시간이다. 꼭 18년에 걸쳐 진행하겠다는 것이 아니라 돈이 부족해서 하나씩 진행하기 때문에 그런 것으로 보면 된다. 소셜 라이프로서는 충분한 자금이 있어 빨리 해결된다면 이상적이나 해결하기 힘든 문제인 것 같다. 비즈니스 모델에 대해서는 비관적으로 생각하지 않는다. 현재 소셜 라이프는 정직원 6명, 프로젝트 베이스로 일하는 직원이 3명, 이렇게 9명 월급이 제때에 나가고 있어서 크게 걱정하지 않는다.

---

53 안관수 스프레드아이 공동대표 부연설명: 이 케이스에서 봐야 할 것은 의사결정 문제임. 영국에서 외부 전문가 컨설팅은 주민의 의사결정을 지원하는 것에 불과함. 우리가 여기서 배울 점은 이게 어떻게 가능한지임. 사회적 가치법에 따라 가능한 일로 개발할 때 주민과의 관계를 갖고 지표를 만들면 그게 일종의 홍보 효과가 됨. 그래서 민간 개발 쪽에서도 소셜 라이프와 같이 일하는 것임. 그렇지 않으면 순서가 바뀌게 됨. 건축가와 소셜 라이프는 주민과 소통하는 과정에서 5가지가 넘는 디자인에 참여하기도 함. 의사결정을 하기 전에 참여하고 실제로 사업을 하려면 그 전에 참여했던 소셜 라이프와 건축가는 빠짐. 즉 의견수렴 과정에서만 소셜 라이프와 함께 작업하고, 결정된 뒤에는 더 좋은 건축가와 같이 일함. 한국의 경우 갈등관리본부를 만들고, 갈등관리를 공청회 몇 번으로 끝내는 것이 아니라 지표화하고 법제화하면 상황이 영국처럼 바뀔 수도 있다고 생각함.

Q 6명밖에 안 되는 단체에서 어떻게 영국에서 가장 큰 주택단지 컨설팅을 맡게 되었는가?

A 아주 작지만 강한 기업이다.

▌ 정책 착안사항

영국에서도 도시재생사업에 사람은 없는 것 같다는 문제가 자주 제기된다. 행정, 전문가, 개발업자는 있지만 주민 주체는 빠져 있는 경우가 많다는 의미다. 이러한 경우 사업이 끝나고 난 뒤 지속가능성을 전혀 담보할 수 없다.

반드시 주민이 중심이 되고, 적극적으로 참여하는 도시재생 정책으로 변해야 하며, 사업 기획 단계에서부터 주민이 참여해 함께 논의하는 열린 구조를 확보해야 한다. 사람 중심 도시재생 정책을 실현하려면 주민 역량 강화, 지역 안팎 활동가 및 전문가 조직과의 네트워크 및 연대, 소셜 라이프와 같은 시민사회 기반 전문가 조직의 지원도 필요하다.

도시재생사업 시 주민 의견을 수렴하는 방식을 공청회, 설문조사 같은 제한적이고 수동적인 참여 방식에서 공동체 디자인 워크숍, 타운홀 미팅과 같은 적극적인 방법으로 바꿀 필요가 있다. 특히 다양한 관점에서 의견을 개진할 수 있는 숙의 워크숍이나 주민 사이에 다른 의견이 있는 경우 조율하고 타협하며 합의를 형성하는 과정을 중시하는 합의 형성 워크숍 같은 방법론을 교육하고 실무 현장에 적용할 필요가 있다.

국내 여러 지역에서는 마을공동체 조성, 사회적, 경제적 정책이 경쟁적으로 추진되는데, 이런 정책의 성과를 정량적으로 평가할 수 있는 기준이 마련되어야 한다. 마을공동체, 사회적경제, 도시재생 정책의 정량적 가치와 성과로 사회적 가치, 공동체성, 행복지표, 공동체의 지속가능성 등을 평가할 수 있는 지표 개발이 시급하다.

패딩턴개발신탁의
보건재생사업[54]

■ 서민을 지원하는 사회적기업

패딩턴개발신탁(Paddington Development Trust, PDT)은 런던 중심 웨스트민스터 구 패딩턴 지역에서 시민과 기업을 위해 일하는 사회적기업이며 1997년에 설립되었다. 지역의 지속가능한 사회적, 경제적 부흥이 설립 목적이다. 사회적, 경제적으로 직면한 지역문제를 해결하고 주민의 역량 강화를 통해 독립적이고 경제적인 삶을 영위하려는 사업을 전개하며, 일자리를 찾는 지역 주민에게 조언, 후원, 기술 훈련을 제공한다. 장기 비전은 정치적으로도 책임 있는 단체가 되어서 지역에 관한 의사를 결정할 때 공동체를 대표해 권한을 행사하는 것이다.

---

54 닐 존스턴(패딩턴개발신탁 대표) 강연. 2015. 8.

PDT 스토우 센터

    PDT는 가장 낙후된 퀸즈 파크(Queen's Park), 해로 로드(Harrow Road), 웨스트본(Westbourne), 처치 스트리트(Church Street) 4개 지역을 중심으로 활동하며 지원 대상 주민은 약 50,000명이다. 이 지역은 런던에서 가장 부유한 중심가 중 한 곳인 웨스트민스터 구 패딩턴과 노팅 힐 지역과 인접한 빈곤 지역이다.

    PDT는 지역사회 자원봉사 중간 지원 조직이자 앵커 조직으로 지역 주민을 자원봉사원으로 조직하고 지역사회 자원봉사 허브(Community Volunteer Hubs) 3곳에 직원을 3명씩 배정해 자원봉사자를 지원한다. 그리고 스토우 센터(Stowe Centre)와 청년기업 및 문화회관을 관리하며, 스토우 센터는 보건, 건강, 모임 등 주민 활동에 장소를 제공한다.

■ 사회적기업의 개척 기업

PDT는 사회적기업이라는 용어가 많이 쓰이기 전부터 사회적기업이라고 홍보해 왔다. PDT에서 생각하는 사회적기업의 핵심은 스스로 수익 모델을 만들어 단체가 지속가능하게 하는 것이다. PDT는 스토우 센터 및 다른 건물의 임대수익이 기초 운영자금이다.

정부 사업을 받기도 하나 일방적인 보조금 사업은 아니고 특별한 성과 창출을 목표로 계약해서 사업비를 받는다. 대기업 또는 자선재단의 지원금을 받을 때는 프로그램 목표가 명확해야 하며, 소셜 임팩트가 무엇인지 정확하게 파악한 후 사업을 시작한다.

PDT는 3개 지역 자산 기반인 독립적인 사업을 진행하며, 지역사회에서 어려움을 겪는 이들의 삶의 질 향상을 위해 실질적으로 노력하고 있다. 몇 가지 사업을 살펴보면, 1867년에 건립되어 조지 에드먼드 스트리트의 걸작으로 잘 알려졌던 성 마리아 막달레나 성당이 1990년대 말 황폐화되었는데, PDT가 웨스트민스터 의회 및 지역 파트너와 함께 지난 10년 동안 건물 쇠퇴를 막으며 재건 사업을 진행하고 있다.

새로운 환경기업과 환경보호기업을 수용한 기업 워크숍 센터로 60,000제곱미터 규모의 건물을 리모델링한 그린 허브(The Green Hub) 사업도 수행했다. 웨스트본과 그레이트 웨스턴 스튜디오의 자금지원 모델을 반영했으며, 공공과 지역사회 간의 동반자 관계를 형성하는 데 역할을 할 것으로 기대한다.

공원관리소 건물을 지역 주민과 학생을 위한 에너지센터로 전환해 자원봉사자들이 운영하게 했으며, 청년, 여성, 이민자 등 취약 계층에 집중적으로 지원사업을 펼치기도 한다. 스토우 센터에서는 청년 기업 프로그램을 운영하며, 청년이 만든 잡지(Cut Magazine), 티셔츠 디자인, 마케팅, 판매 등을 지원한다. 또한 13~19세 청소년에게 방과 후 활동과 휴가 활동 등 다양한 프로그램을 제공한다. 퀸즈 파크 방글라데시 협회에 방글라데시 출신 주민과 청년의 취업 활동을 지원했으며, 아랍어를 구사하는 주민과 아랍 출신 가족 및 여성을 연계해 지원한다. 지역단체 건강지원 활동팀은 북부 웨스트민스터 근처에 거주하는 취약계층을 지원한다.

■ 역량 강화를 통한 지역재생 추진

PDT는 지난 20년 동안 이 지역에 살고 있는, 아마도 영국에서 가장 빈곤한 사람들을 지원하는 활동을 하고 있다. 주요 프로그램은 사회 통합 및 보건 문제, 경제 활동 여건이 부족한 사람들이 창조적 능력을 발휘할 기회를 갖도록 지원하는 것으로 주민 스스로 직접 자신의 역량을 강화하는 데 중점을 두고 있다. 일방적 지원사업은 지원이 끊어지면 기대심리만 남게 되고 지원 중단에 대한 불평만 하게 되는 경우가 많아 자신의 노력으로 문제를 해결하려는 의지가 없어지기 때문이다.

주민의 역량 강화가 뜻하는 것은 개인의 독립적, 사회적, 인간적, 경제적 삶의 개선을 뜻하기도 하지만, 같이 협력하는 공동체를 형성해 지역의 여러 일에 의견을 개진하고 합의해서 결정하는 방식을 의미하기도 한다. PDT는 스스로 창업할 수 있도록 지원하는 에이전시도 운영하며, 3개 지역 중심 포럼을 운영해 주민 의견을 모아 함께 풀어야 할 시급한 문제들을 선정한다. 지역의 문제나 비전을 지자체나 중앙정부가 결정하는 것이 아닌 주민이 스스로 결정하고 책임지도록 하려는 것이다.

■ 지역사회 자원봉사 프로그램

이런 철학이 실질적으로 어떻게 적용되는지는 주민 자원봉사 프로그램을 살펴보면 잘 알 수 있다. 이 프로그램은 크게 세 가지 축으로 진행된다. 첫째는 자원봉사자를 조직하는 부분이고 둘째는 자원봉사자를 운영하는 부분이며, 셋째는 자원봉사자를 교육하는 부분이다.

PDT에서 운영하는 자원봉사자 허브는 주민 1,000~2,000명이 사는 동네를 대상으로 한다. 3곳에 허브가 있으며, 자원봉사자와 이를 관리하는 매니저가 3명씩 있다. 주민이 언제나 찾아올 수 있고, 환영받는 분위기를 조성했다.

이 프로그램의 운영 자금 지원기관은 국가보건서비스(Natioal Health Servie, NHS)이다. 이 지역 빈곤계층의 건강과 보건 수치가 부유층과 비교해 극심한 격차를 나타내 지역 보건 문제가 큰 문제로 대두되자 보건당국의 현안이 되었기 때문에 국가보건서비스의 후원을 받게 되었다.

자원봉사자들은 문제를 겪는 이웃을 찾아가 보건에 관련된 다양한 정보를 알려 준다. 언제 검진을 받아야 하는지, 기름진 음식이 왜 건강에 안 좋은지, 치과는 얼마나 자주 가야 하는지, 정기적 운동과 식단관리가 왜 중요한지 같은 내용이다. 지역 보건소에서 활동하는 보건교육 담당도 그런 역할을 하고, 홍보물도 배포하지만 빈곤하고 교육 수준이 낮은 지역에서는 전문가나 홍보물 배포보다 이웃이 직접 얼굴을 맞대고 정보를 전달하는 게 더 효과적이기 때문이다.

그렇다고 정부의 활동이 효과가 없다는 것이 아니라 민간과 행정의 활동이 병행되어야 높은 효과를 얻을 수 있다는 것이다. 이때 자원봉사자가 전하는 정보가 정확해야 하기 때문에 정부는 자원봉사자들을 수준 높게 교육시키는 역할을 할 수 있다.

이 프로그램에 참가하는 자원봉사자는 주민과 교류하며 정보를 전달하는 역할뿐 아니라 정부의 프로그램이 효과적인지, 문제나 부족한 것은 없는지를 듣고 보건당국 의사나 공무원에게 전달하는 역할도 한다.

▨ 소통의 중요성

이런 방법이 왜 효과적일까? 답은 소통에 있다. 이민자가 많은 동네에서는 같은 민족끼리 뭉치는 경향이 있고, 그 안에서 생활의 노하우를 얻는 편이다. 또한 이민자들은 공무원을 꺼리거나 무서워하기도 한다. 따라서 이민자에게는 늘 소통하던 이웃이 다가오는 게 편할 수밖에 없다. 예를 들면 낙후된 지역에 사는 비만인 사람은 라이프 스타일을 바꿀 필요가 있는데, 문제는 이들이 의사나 공무원을 찾아가 상담하지 않는다는 것이다. 만일 의사나 공무원을 찾아간다면 이미 라이프 스타일이 바뀐 것이라 볼 수 있다. 그런데 늘 마주치던 이웃이 찾아와 이야기하면 거부감이 없다.

PDT의 각 허브에는 자원봉사자가 20명씩 있고 대부분 5~12세 초등학생을 둔 이민자 엄마들이다. 일자리와 가정사 등 자신에게 문제가 있어서 PDT를 찾아왔다가 관계를 맺은 사람들이다. 자신에게도 문제가 많았던 이들이라 PDT는 이들을 교육하는 데 힘을 쏟는다. 이들이 먼저 바뀌고 변화되어야 다른 이들의 마음도 바꿀 수 있기 때문이다. 이들은 자원봉사자 역할을 하면서 본인이 발전하는 것도 느끼고, PDT와 일하며 다른 이웃과 교류하는 것을 자랑스럽게 여긴다.

따라서 겉으로 보기에는 보건 정보의 전달에 더 목적이 있는 프로그램처럼 보이지만 실제로는 자원봉사자의 취업훈련이라는 취지가 더 클지도 모른다. 이민자의 경우 영어를 못하니 일상 소통에 자신이 없어 집에만 있지만, 자원봉사를 하면서 자신감이 생기고 이를 바탕으로 사회활동의 다음 단계로 도전할 역량을 키우게 되는 것이다.

■ 자원봉사 프로그램의 성과와 과제

자원봉사자를 훈련시키는 프로그램은 다음과 같이 구성되어 있다. 우선 영국에서는 직업과 관련한 국가자격증제도가 엄격하며 자원봉사의 경우도 기초과정을 이수하도록 되어 있다. 일자리를 찾을 때 이력서에 넣을 만한 것이어서 이 기초과정을 이수하고자 자원봉사하는 사람도 많다. 여기에 소통법, 영어, 보건 정보 교육, 일반적 보건 프로그램의 종류, 건강한 삶을 위한 행동양식, 마약이나 알코올의 위험성에 관한 정보 등을 함께 교육한다.

정부의 보건 담당 전문가는 자원봉사자와 토론하면서 지역 현실을 파악하고 문제 해결방안을 제시하며, 그 내용을 교육받은 자원봉사자는 이웃에 전파한다. 한 예로 이 지역의 11살 아동을 대상으로 조사한 결과 40%가 비만 판정을 받았다. 대개 교육받지 못했거나 바빠서 건강한 음식을 차려 주지 못하는 부모 밑에서 자라는 어린이가 위험에 놓여 있었다. 보건담당 의사들은 PDT 및 자원봉사자와 토론하며 이런 현실을 알게 되었고, 대안을 마련했다. 대안을 마련하는 과정에서도 자원봉사자의 역할이 중요했다. 식단과 습관을 바꾸도록 하려면 비만 아동 부모의 생활 패턴이 어떤지, 어디에서 어떻게 장을 보는지, 아이가 혼자 보내는 시간은 어느 정도인지 등을 알아야 하는데, 그런 정보를 수집하려면 자원봉사자가 필요하기 때문이다. 이를 바탕으로 저렴한 가격으로 건강한 식단을 만들 수 있는 홍보물을 만들어 배포하기도 하고, 영양 정보 보는 법을 알려 주거나 상담프로그램을 운영하기도 했다.

이런 프로그램을 운영하면서 깨달은 것 중 하나는 재미 요소가 필요하다는 것이다. 사람들은 동네에서 수다를 떨며 대화하는 방식이 편하고, 그렇게 포근한 느낌을 받아야 어떤 제안이든 잘 받아들인다. 또한 자원봉사자가 보람을 느끼도록 하는 장치도 필요하다. 야유회를 가기도 하고 소셜 이벤트를 진행하기도 한다. 타임 뱅크제를 운영해 봉사 시간에 따른 크레딧을 주기도 한다. 이를테면 5시간 봉사하면 런던 시내 오페라, 영화, 동물원, 연극 등을 관람할 수 있는 쿠폰을 주는 식이다. 이는 런던의 대기업들 중 사회공헌 프로그램을 운영하는 곳에 응모해 제공받는 쿠폰이다. 또한 스파이스라는 대안화폐를 인쇄하는 대기업과 협의해 런던의 문화 활동에도 그 화폐를 이용할 수 있도록 했다.

닐 존스턴(패딩턴개발신탁 대표)

Q 패딩턴은 부유한 동네와 인접한 가난한 동네인데, 잘사는 이웃 동네 사람들도 PDT의 프로그램에 참여하거나 지원하는가?

A 패딩턴이 위치한 웨스터민스터 구는 전 세계에서 가장 부유한 지역 중 네 번째로 꼽힌다. 그리고 이곳에서 0.5마일만 가면 영국 정부, 의회, 여왕 궁전이 있다. 또한 전 세계 금융의 중심지로 세계에서 가장 똑똑한 사람들이 모여 세계 경제에 대해 이야기하는 곳이다. 그와 같은 뛰어난 사람들이 언젠가 이곳에 와서 같이 이야기를 하면 이곳의 문제가 풀릴 것이라고 생각했지만 한 번도 다가오지 않았다. 그리고 패딩턴과 가까운 곳에 대기업이 많고, 그들의 사회공헌 프로그램을 통해 지원금도 많이 받긴 하지만 딱 거기까지다. 그들의 관심은 기업 이미지 개선이지 이곳에 와서 빈곤 문제를 풀겠다는 경우는 전혀 없었다.

Q 20년 동안 프로그램을 운영해 왔는데, 실제로 주민이 자립한 사례가 있는지?

A 여기에서 조금만 더 가면 퀸즈 파크라는 지역이 있다. 옛날 정부가 모든 동네를 관리할 능력이 없었을 때 주민 스스로 자치한 지

역이다. 이때는 주민이 공공서비스를 만들고 운영하는 제도가 있었는데 그 후 정부의 힘이 커지며 없어졌다. 지금도 영국 내에서 일반 지자체의 손길이 가기 어려운 산골짝 동네들은 자치그룹을 만들어 가로등 설치, 놀이터 만들기 같은 소소한 의사결정을 내린다. 파리쉬 카운실 혹은 커뮤니티 카운실이라고 한다. 이러한 주민 자치구는 약간의 예산과 그 예산의 전용권을 관할 지자체에게서 이양받도록 법으로 규정되어 있다. 런던의 경우 지자체가 접근할 수 없는 후미진 곳이 없기 때문에 이러한 자치단체가 현실적으로는 없었지만, 지방자치법령에 따르면 언제라도 만들 수 있도록 규정하고 있다. 따라서 퀸즈 파크는 이 법령을 활용해 주민 자치그룹을 만들고 주민투표 결과 과반수 찬성으로 퀸즈 파크 커뮤니티 카운실을 출범했다. 작지만 한 동네의 예산권이 주어진 권력기구가 구청에게서 주민 자치그룹으로 이양된 것이다.

Q PDT의 수익모델은 무엇인가?

A 첫째는 임대사업이다. 자산이 몇 개 있는데, 그중 하나는 이 건물(스토우 센터)이다. 여기에서 얻어지는 임대수익으로만 PDT 전체 운영예산의 60%를 감당한다. 둘째는 정부의 공공서비스 운영 계약을 따오는 모델로 단순한 지원이 아닌 성과를 제공하는 정부 아웃소싱 사업이다. 셋째는 순수 지원금으로 대기업이나 재단의 자선금이 여기에 해당한다.

Q 지방정부에서 공간을 제공했는가? 그리고 운영비는 어떻게 충당하고 있는가?

A 20년 전 근린지역 재생 프로그램에 1,400만 파운드(약 215억 원)가 투입되었고, 낙후된 지역에 지방정부가 각종 프로그램을 운영하며 300만 파운드(약 46억 원)가 배정되었다. 여기에 PDT가 사업 촉진 역할을 수행하게 되었고 그 예산에서 지원을 받아 땅을 샀다. 당시 PDT의 수익사업을 고민하며 고가도로 아래 구청 소유 공터에 공방을 지어 임대하는 계획을 세웠고, 구청에 제안서를 제출해 10년 무상 운영권을 따냈다. 공간의 가치를 봤을 때 40만 파운드(약 6억 원)를 무상으로 받은 셈이며, 이로써 여유 자금이 생겨 다른 사업을 펼칠 수 있었다.

Q 앵커 조직이란 무엇인가?

A 이 지역의 다양한 이민족이 우리에게 다가와서 이야기하고 관계를 맺어갈 수 있는 현장에 기반해 지역 주민을 끌어들이는 조직이다. 민족 구성이 단순한 곳이라면 쉬운 일이나, 이곳처럼 다양한 민족으로 구성되고 경제 및 교육 수준이 낮은 곳에서는 지자체가 하기 힘든 실질적 해법을 도출하는 것이 우리가 가장 잘하는 일이다.

Q 불법이민과 합법이민이 있을 텐데, 이 두 대상에 대한 지원 프로그램이 다른가? 지원 내용에 차이가 있는가?

A 불법이민에 관련된 것은 어려운 문제인 것 같다. 행정기관이 아닌 지원 프로그램 입장에서는 알기 어렵다. 우리가 프로그램 접수 단계에서 일일이 확인하지 않기 때문에 불법체류자가 있을 수도 있다. 물론 행정기관에서 운영하는 재취업 프로그램이나 주택에 관한 것은 비자를 제출해야 진행이 가능하다.

Q 비자를 위조하는 경우도 있지 않을까?

A 지원을 받으려고 비자를 위조하는 일이 발생하기도 한다. 런던도 불법이민자가 많은 도시이고, 불법이민자가 환영받는 일용직 같은 허술한 일자리도 많다. 이렇게 구석구석에 있는 불법이민자의 현황은 정부조차도 파악하기 어려울 것이라고 생각한다. 이민자 숫자를 제한하자는 주장도 말이 되지 않는다. 영국에서 불법이민 문제는 지속적일 것이며 앞으로도 수없이 불법이민자가 들어올 것이다. 영국은 이민의 역사가 길다. 예를 들어 과거 1960년대 섬유산업 성장기에 공장 노동자가 필요해 방글라데시 노동자의 유입을 환영했다. 이후 1970~1980년대 섬유산업이 사양세에 접어들면서 방글라데시 노동자들 일자리가 줄어들었다. 산업 수요에 따라 이민을 개방하고 일터를 잡았던 사람들을 합법적으로 인정했다가 산업이 사양길에 접어들었다고 해서 그들을 내쫓을 수는 없는 일이다. 이런 사이클은 계속 반복되어 왔다. 불법이민인지 합법이민인지를 떠나 일단 입국한 사람들에 대해서 어떻게 지원할 것인가를 전향적으로 생각하는 것이 타당하다.

Q 20년 동안 많은 사업을 운영해 왔는데, PDT의 성과나 좋은 사례가 궁금하다.

A 최근 시티 오브 런던에서 '지속가능한 지역사회상'을 받았고 이것이 가시적인 성과이자 자랑거리다. 그동안 2,000여 명이 일자리를 찾는 것을 보았고, 아무것도 할 수 없던 사람들이 PDT에 와서 성장하고 취업까지 이루어 낸 것을 볼 때 가장 뿌듯했다.

우리 프로그램에 청년 800여 명이 참여하고, 작은 창업센터를 통해 소규모 사업 50여 개가 운영되는 것, 퀸즈 파크 커뮤니티 카운실처럼 거버넌스를 통해 지역자치 모델을 만들어 가는 것도 자랑스러운 일이다. 자원봉사 프로그램을 운영하기 이전에 PDT에 주민 센터가 운영되고 있었는데, 그때 우리 활동가들과 소통한 주민 수가 1,000여 명이 넘었다. 이런 사례들처럼 우리 같은 작은 조직이 주민과 맞닿아 이야기를 나누고 그들이 성장하는 모습을 보는 것이 좋은 성과라고 생각한다.

Q PDT의 지향점이나 비전이 궁금하다. 도움을 필요로 하는 이민자가 적어진 뒤에는 어떻게 할 것인가?

A 이곳에서 20년 정도 활동했는데, 30년을 채우는 것이다. 앞으로 10년 뒤에는 우리가 없어졌으면 좋겠다. 이 동네에 도움을 필요로 하는 이민자가 사라지고, 다들 취업하고 서로 도와 자생할 수 있는 곳이 되면 우리가 있을 필요가 없다.

Q 현재까지의 취업 현황은 어떤가?

A 우리 프로그램을 통한 취업성공률은 92% 정도로 아주 성공적이라고 생각한다. 명심해야 할 것은 이런 지역에서 취업을 하지 못하면 노숙자 수준의 생활을 하게 된다는 점이다. 취업할 의향이나 자신감이 없는 상태. 우리 프로그램은 이런 주민을 대상으로 하며, 취업에 성공했다고 집계하는 기준은 취업 후 6개월에서 1년 이상 직업을 유지하는 경우다.

Q 취업 분야는 어떤 종류인가?

A 요리, 공사기술직, 목공, 판매, 미용, 보안직 등 다양하다. 취업

경험이 없거나 장기 휴직자이기 때문에 기술 수준은 초보자로 생각하면 된다.

Q 프로그램에서부터 취업으로 이어지는 과정, 취업시키는 노하우를 알고 싶다.

A 업무에 필요한 기술을 배우기 전에 일할 의욕과 자신감을 심어주는 것이 먼저다. 고용주는 면접을 볼 때 자질이나 인성에 관한 질문을 많이 한다. 그래서 취업프로그램의 많은 부분이 대화하는 법, 자신감을 회복하는 법을 익히는 방향으로 진행되며, 자원봉사 프로그램에 참여하는 것도 이런 목적 때문이다. 보건소의 정보를 지역에 전하던 자원봉사자 20여 명 중 절반 정도가 사람을 대하는 기술이 늘어나고 지역 활동이 많아지면서 보건소의 보건교육 담당자로 취업하기도 했다. 또한 특정 기술이 필요한 경우에는 PDT 프로그램을 거친 뒤에 고용주가 선호하는 직업교육기관에 보내 기술을 익히도록 한다. 해당 기관과 파트너십을 맺고 교육받게 한 뒤에 고용주에게 인계한다. PDT는 지역사회를 기반으로 하는 마이크로 비즈니스 창업센터도 운영하며 창업을 원할 경우에는 사업계획을 어떻게 수립해야 하는지, 융자는 어떻게 받는지 등에 관해 조언해 주는 인큐베이션 센터도 운영한다.

Q 정식으로 사업을 위탁받는 것이니만큼 성과가 분명해야 할 것 같은데 관련된 지표가 있는가?

A 성과지표는 굉장히 많다. 연간 보고서를 보면 관련된 정량적 지표가 많이 나와 있다. 지자체와 일하기 때문에 정량적인 결과가

있는 자료를 만들어 낼 수밖에 없다. PDT에서 발표하는 보고서는 세 종류가 있으며, 모두 홈페이지에 올린다. 예산지원 기관이나 부서들이 요구하는 수치는 모두 집계하고, 이런 지표들로 관련 기관과 부서와 계약하기 때문에 정기적으로 만들고 있다. 기관들의 성과지표 작성도 점점 고도화, 전문화되고 있다. 지원금에서 5파운드를 받는다면 그중 3파운드는 성과를 냈고 2파운드는 운영에 사용했다는 것까지 보고하며, 계약금을 조금 주고 성과를 바탕으로 기성금을 지급하는 형식도 추진한다. 그래서 불만이 나타나기도 한다. 일을 잘하던 곳은 노하우가 쌓여 더욱 잘할 수 있으나 경험과 역량이 부족한 기관은 계약이 어려워지고 있어서다. 많은 기관이 고도의 성과보고서를 내라는 추세다. 시민사회 진영도 사회에 책임을 지려면 투명해야 한다. 자본주의 사회에서 어디나 돈을 대는 사람이 돈의 사용처를 요구하는 것은 당연한 일이다.

Q 수치로 나타낼 수 없는 성과도 있을 텐데?

A 사실 숫자로 나타내지 못하는 성과도 많다. 사회통합 차원의 성과들이 그렇다. 5년 전 런던 시내에 큰 폭동이 있었고, 일주일 동안 무정부 상태였다. 낙후된 지역에서 시작되어 젊은이들이 쇠파이프를 들고 상점을 부수고 다녔다. 당시 이 지역에서도 그런 폭동 기미를 보이는 젊은이들이 우리 건물 앞에 모여 있었는데, 그들을 건물 안으로 들어오게 했다. 건물 밖에 경찰차 18대가 출동해서 젊은이들을 나오라고 했지만 우리는 문을 열어 주지 않고 경찰과 협상했다. 그들이 폭동에 가담하지 않을 것이라는 걸

보장해 주고 젊은이들이 체포되지 않게 했다. 그 결과 폭동이나 불미스러운 사고가 없었던 유일한 지역이 되었다. 이 동네가 낙후된 원인도 사회에 적응하지 못하는 이민자들이 정착한 곳이기 때문이다. 이 땅에 발을 딛는 순간 그들을 이 나라 사람으로 보아야 하고, 이들과 어떻게 지역사회를 만들어 갈 것인지 고민해야 한다. 이들을 위한 고민이 정책이나 법만으로 되는 것은 아니어서 우리 같은 단체가 필요하다.

Q 시민사회에서 일하는 것이 열정이나 의지만으로 되는 것이 아닌 것 같다. 전문 인력의 경우 급여나 근로조건 등 매력 요소가 있어야 한다. 어떤 매력을 제공하고, 어떤 역량 성장 프로그램을 가지고 있는가?

PDT 사업을 설명하는 닐 존스턴 PDT 대표와 추가 설명을 하는 김정원 스프레드아이 대표

A 급여를 많이 주지 못하지만 우리 철학에 공감하고 참여하고자 하는 사람을 뽑는다. 일단 고용된 사람은 10년 이상 장기근속하는 경우가 많다. 일할 때 자율성과 창조성을 강조하며, 역량을 발휘할 기회를 많이 주는 게 이유라고 본다. 직원 트레이닝 프로그램을 많이 운영하는 것도 특징이다. 사업 모델이 정부와 계약을 맺는 것이라 계약기간이 끝나면 일자리 자체가 없어지는 경우가 많기 때문이다. 한 사람이 자신의 특정 업무를 계속한다기보다 멀티플레이어가 될 수 있도록 지원한다.

Q 한국은 사회적기업에 인건비성 지원금을 많이 주는데 생산성에 대한 고민이 많다. 그에 대한 관점이나 조언이 있는가?

A 목적이 있는 사회적기업이라는 정체성 문제가 아닌가 싶다. 영국에서는 사회적기업이 목적으로 정의된 경우가 없다. 그저 용어일 뿐 법적 정의가 아니다. 사회적(social)이란 우리란 뜻이며, 기업(enterprise)은 수익을 내는 것이란 뜻이다. 따라서 지속가능한 수익모델이 있어야 투자를 받을 수 있다. 지속가능한지 아닌지를 정부가 정하는 것도 어색하고 의아하다고 생각한다. 사회적기업에서 '사회'에 방점을 찍어 일하는 것은 좋으나 사실 그런 것은 국가가 할 역할이다. 민간인 경우는 수익을 낼 길을 찾아야 한다.

Q 사회적기업이 수익을 내지 못하면 어떤 문제가 발생하는가?

A 최근 런던에서 크게 터진 스캔들이 있다. 부모가 거의 돌보지 않는 청소년들을 대상으로 프로그램을 운영하는 키즈 컴퍼니(Kids Company)라는 런던 남부의 비영리단체 일이다. 좋은 성과를 내

어 정부에서 많은 지원을 받던 곳으로, 지난해 제공한 프로그램 성과도 좋아서 올해에는 2,300만 파운드(약 354억 원)를 지원받았고, 지점을 늘려 런던 외곽까지 사업 범위를 넓혔다. 키즈 컴퍼니는 부모가 없는 청소년에게 부모 역할을 했는데, 청소년들에게 용돈으로 현찰을 주는 등 돈을 쓴 방법에 대해 논란이 일어났다. 그런데 그렇게 큰 조직에 예비자금이 없었다. 해마다 모든 예산을 다 쓴 것이다. 결국 2주 전 이런 대규모 조직이 잔고 없이 예산으로만 운영한다는 것이 문제가 되고 부담을 느낀 정부가 지원을 끊자 그 다음 주에 바로 문을 닫았다. 일을 못하던 곳이 아닌데도 그런 상황을 맞았다. 이것이 좋은 예라고 생각한다.

Q 조직이 다양한 일을 하다 보면 규모도 커지고 성장 욕구도 생길 텐데 고민은 없는가?

A 사회적기업이란 자기역량을 확보하고 사회의 돈과 권력을 끌어와 쓰는 것이라 생각한다. 지원프로그램을 수행하는 것도 중요하지만, 예산과 권한을 운영할 역량이 되는지를 생각해야 한다. 잘할 수 있는 일이 많은 것과 예산과 권한을 잘 운영하고 행사하는 것은 별개 문제다. 우리는 그런 경험이 없기에, 주민 자치 커뮤니티 카운실 실험에서 예산과 권한을 얻었다고 좋아했으나, 이제는 운영을 고민하고 있다. 현실에서 돈과 권력을 움직이는 것과 사회적 목적을 수행하는 것은 다른 일이다. 두 방향의 역량을 같이 키우는 것이 중요하며 조직이 이미 커지면 그렇게 할 수 없기 때문에 작을 때 역량을 키워 나가는 것이 중요하다. 우리도 그렇게 해 나가려 한다.

▌ 정책 착안사항

정부에서 재생사업 보조금을 받았을 때, 행정에서 단기간의 사업비와 운영비로 집행하는 것뿐만 아니라 지역재생을 위한 기금을 조성하면 장기적으로 지속가능성을 확보할 수 있다.

재생기금을 통해 지역사회 공동으로 토지 및 건물을 매입하도록 하면 장기적인 재생 활동을 위한 다양한 프로그램 운영비, 촉진비 등으로 활용할 수 있고 지자체의 재정 부담도 덜며, 사회적기업의 독립성도 키울 수 있다.

PDT에서 주민을 교육해 같은 처지에 있는 이웃에게 직접 필요한 정보를 전달하고, 지역사회의 코디네이터 역할을 하도록 한 것은 효과적으로 보인다. 국내에서는 그런 역할을 외부 전문가 또는 활동가가 맡고 있지만 지역사회에 대한 이해도와 밀착도가 다소 떨어진다는 평가가 있으므로, 복지 대상 주민을 교육해 도시재생 진행자나 조력자 역할을 맡기기를 제안한다.

이주민 정착 지원의 한 축으로 기존에 다문화 가정과 이주 여성을 위해 활동하는 단체, 이민자 자체 조직 등을 지원한다면 불필요한 예산 낭비를 막고, 이민자의 요구에 맞춰 정책을 지원할 수 있을 것이다.

제4장

·

브리스톨의
도시재생사업

브리스톨의
선명한 도시 프로그램[55]

브리스톨은 영국 잉글랜드 서부 에이번 강에 위치한 항구도시다. 주(州, County)에 부속되지 않은 독립적인 행정구역으로 인구수로는 잉글랜드 지역에서 6번째, 영국 전체에서는 8번째로 크다. 창조 문화와 환경보호 정책에 중점을 두는 친환경 도시이며 인구는 약 43만 명이다.

2차 세계대전 때 입은 폭격 피해와 이후 계획 없이 진행된 도시 기반시설 정비로 도시의 이미지가 모호해지고 도시가 단절된 느낌을 주어 새로운 도시계획과 이미지를 개선하려는 재생사업을 시도했다.

---

55 낫 로버튼(브리스톨 시청 디자인 그룹 도시 디자이너) 강연. 2016. 5.

■ 길 찾기 편한 도시 이미지 만들기

선명한 도시 브리스톨(Bristol Legible City) 프로젝트는 관광객과 시민에게 도시 정체성과 교통, 도시정보를 더욱 명확하게 전달하고자 진행되었다. 즉 방문자들이 지도에서 자신의 위치를 확인하고 어디로 가야 할지를 알기 쉽게 제공하는 게 목적이다.

　브리스톨은 2차 세계대전 당시 폭격 피해가 컸고 이후 새로운 기반시설이 계획 없이 만들어지고, 구역과 구역 사이에 장벽이 들어서면서 길을 찾기 어렵고 도로가 잘 연결되어 있지 못하다는 이미지가 굳어졌다.

브리스톨의 강변 주택

에너지 트리

안내판

광장

재생사업이 진행된 항만은 1960년에는 대부분 공장과 창고가 있었고, 배가 들어와 짐을 내리던 하적장이었다. 그러나 수심이 얕아서 큰 배가 들어오지 못해 더 깊은 지역으로 시설을 이전시키면서 이 항만 지역은 유휴지가 되었다. 또한 강이 도시 중앙을 가로지르고 도로와 기차역이 있어서 도심 전체에 탁 트인 공간이 없었다.

1990년부터 도심과 항만 재생사업이 시작되었는데 항만 공장지대에는 토양이 많이 오염되어 정화 작업을 시작한 뒤에 새로운 건물을 세웠다. 공간적, 물리적으로 변화시키는 것과 더불어 새로운 이미지를 알리는 것이 중요해서 버스 정류장, 공공 공간, 전화 부스, 가로등 등에 어떻게 도시의 특성을 나타낼 수 있을지를 고심했다.

도심에서 사람이 가장 많이 이용하는 지역은 항만 지역, 기차역 주변, 상업 지역이었다. 그런데 세 구역이 연결되어 있지 않아서 무척 불편했다. 사람들의 동선이 집중되는 이곳을 브리스톨 여행의 중심지로 삼고 개발계획을 세웠다.

모든 안내판 색깔을 같게 하고 글자체도 개발해 하나로 통일했다. 그리고 현 위치를 표시하고 주요 관광지나 시설을 확대 그림으로 나타내 사람들이 제 갈 길을 가면서도 자신이 있는 위치와 주변에 무엇이 있는지를 빨리 파악하도록 했다. 지도 안내판에는 랜드마크가 되는 건물을 3D로 나타냈고, 주요 시설은 전 세계 사람들이 알아보는 아이콘 심벌로 나타냈다. 이런 방식으로 지도, 안내판, 버스 노선 그림도 일관되게 만들었으며, 지도 400만 부를 제작해서 호텔과 공공장소에 비치했다.

■ 도심에서 브리스톨 전체로 확대할 계획

생태도시를 만들고자 자동차 중심이었던 거리를 보행자 위주로 바꾸었다. 블록, 상권, 공공시설 등을 연결하는 인도를 다시 디자인했고, 사람들이 자유롭게 만날 수 있는 광장과 공원을 확보해서 사람들의 걷는 동선을 원활하게 개선해 도시의 활력을 높였다.

예전의 화물선들이 주로 정박하던 선착장은 요트, 패들보트, 자전거, 조정 등 다양한 레포츠 공간으로 바꾸고, 강변을 따라 레스토랑, 바, 호텔, 상점 등을 조성해 상권을 활성화했다. 그리고 에너지 트리처럼 공공시설물을 태양광 패널로 만들고 광장에 작은 텃밭을 꾸며 채소를 재배하는 친환경적인 요소를 곁들였다.

도심에서 펼쳤던 선명한 도시 프로젝트 시즌1은 이미 끝났다. 이제 발견된 문제점을 보완해 브리스톨 전체로 프로젝트를 확대해 나갈 예정이다. 브리스톨에서 이동할 때 어디로 가면 가장 효율적인 교통수단을 이용할 수 있는지, 도시 외곽으로 가려면 어떻게 해야 하는지를 제공하는 모바일 앱을 개발하고 있다. 아울러 지도에 건물의 상세 정보까지 넣는다거나 어두운 곳에서도 안내판이 잘 보이도록 업그레이드하고 있다.

정책 착안사항

브리스톨은 단절된 공간을 연결해 동선을 편하게 했고, 표지판, 간판, 안내도를 일체감 있고 알아보기 쉽게 만들어서 걸어 다니기 편한 도시라는 이미지로 개선했다. 사실 도시 내 표지판, 간판, 안내지도가 도시에 활력을 불어넣고 이미지를 개선하는 데 중요한 요소라고 생각하지 못하는 경향이 있다. 그러나 브리스톨 사례에서 보듯 도시를 알리는 일관된 이미지를 만들어 내는 데 이러한 사인들은 아주 중요한 역할을 한다. 브리스톨의 이런 작은 성공은 런던 같은 대도시가 배워 똑같이 활용해 확산하는 사례로도 발전했다. 브리스톨은 이에 더해 모바일 앱을 개발해서 브리스톨 스토리 같은 정보를 제공하고, 앞으로는 셀프 여행 루트 설정 및 인근 지역 정보도 제공하는 관광 서비스 플랫폼을 구축하려 한다.

안산은 도로가 격자형인 계획도시로 브리스톨이나 런던에 비해 길을 찾기 쉬운 구조인데도 랜드마크가 없고 지점 간 연계 안내 서비스가 부족해 도시 전체를 파악하는 게 어렵다. 브리스톨이 알아보기 쉬운 사인 시스템을 개발했듯이 안산시도 랜드마크와 이를 연계하는 디자인을 구상하고 있다.

도시들이 공공 공간 및 시설을 계획할 때 각 공간의 특징을 살리고 이용자들의 요구를 적용한 디자인을 도입해야 한다. 도시 디자인이 주는 가치와 효과가 크다는 것에 공감하고 도시 전체 이미지를 바꾸는 과감한 시도도 검토해야 한다.

브리스톨에서는 얕고 좁은 수로에 알맞은 배를 운행하고 있다. 한국에서 보기 드문 디자인이라 시화호 같은 인공 간척호나 갯골 뱃길 사업에 도입하면 관광 홍보 효과도 있으리라 생각한다.

피쉬폰드 로드
공동체 토지신탁 기반
자가주택 사업⁵⁶

브리스톨 공동체 토지신탁(Bristol Community Land Trust, BCLT)[57]은 2011년에 조직되었고, 피쉬폰드 로드 자가주택 사업(Fishpond Road Self-building House Project)은 BCLT의 첫 번째 프로젝트다. 학교와 도서관 건물이 있던 곳을 매입해 2015년에 공사를 시작했다. 앞쪽 건물은 다 헐고, 뒤쪽과 옆쪽은 학교 건물로 사용했던 부분을 개보수하는 것으로, 여기에는 방 1개로 된 주택 6채, 위쪽은 방 3개로 된 집 6채를 짓고 있다.

---

56 키 하울링(브리스톨 공동체 토지신탁 이사장) 강연. 2016. 5.
57 지역 주민이 주거공동체를 형성해 공동으로 토지를 매입하고 공동으로 집을 짓는 공동체 토지신탁(Community Land Trust, CLT) 사례로, 영국에서 주택 문제 해소 방안의 하나로 주목받고 있음. 공동체 토지신탁은 지역의 공동체가 중심이 된 비영리 조직이 토지를 소유하면서 토지 가치를 집에 거주하며 집을 소유하는 개인이 아닌 지역 공동체가 공유하는 시스템으로, 지불 가능한 수준으로 주택 가격을 조절해 거주자의 안정성을 도모하는 사회주택 모델임. 미국을 필두로 영국, 캐나다, 호주, 벨기에 등 CLT를 도입하는 곳이 늘고 있으며, 미국은 250여 개, 영국은 100여 개가 운영되고 있음.

학교 건물을 리모델링하고 있는 피쉬폰드 로드 자가주택

■ 민관 협력 주택조성 사업

방 한 칸짜리 집은 침실을 위에 두고 아래에 거실과 부엌이 위치하도록 디자인했다. 원래 있던 학교 건물의 창문은 허물지 않고 입주하고자 하는 사람이 자신의 취향에 맞게 스스로 리모델링하고 있다.

옛날에 지어진 건물은 단열이 전혀 되지 않아 단열재를 추가해 넣으면서 기존 벽보다 더 두꺼워졌다. 교실 한 공간을 6채로 나누는 큰 구조 공사는 전문 회사가 작업하고, 내부 인테리어 같은 실내 공사는 집주인이 직접 작업한다. 실내는 1~2개월 공사할 예정이고,

피쉬폰드 자가주택과 연결된 이스트빌 공원

이후 공동 정원 작업을 함께 꾸밀 예정이다. 정원이 완공되면 브리스톨 시장을 초대해서 가든파티를 열 계획이다.

기본적으로 토지신탁 사업은 토지 매입자본이 없으면 사업을 시작하지 못한다. 초기 토지 매입비를 어떻게 마련하는가가 가장 큰 관건으로, 이 프로젝트는 브리스톨 시의 지원(토지 지원 조건과 과정, 집 소유자의 투자 방식과 소유 구조 등 자세한 설명은 스프레드아이 사례 연구 보고서 참조, https://goo.gl/X9wFpg)을 받아서 공동으로 진행했다. 그래서 집집마다 집주인이 얼마를 투자하는가에 따라 지분이 조금씩 달라지며, 평균 60% 정도를 투자한다. 물론 집주인이 100% 소유한 집도 있고, 시의 투자를 관리하는 협동조합에서 소유하고 임대하는 경우도 있다. 임대일 경우는 시세보다 저렴하게 공급할 예정이다.

다만 집주인이 60%, 협동조합에서 40%를 투자해 공동으로 소유한 경우, 집주인이 집을 팔고 싶다면 제약은 없으나, 시에서 투자한 40% 지분이 협동조합에 있기 때문에 협동조합에 우선 매매하기를 권하고 있다. 다른 곳의 토지신탁 모델은 정부 지원 없이 공동체에 모인 사람들이 모은 돈으로 땅을 사는 경우가 많으므로 매매에 아무 조건이 없다.

▌ 정책 착안사항

피쉬폰드 공동체 토지신탁 기반 자가주택은 일종의 사회주택으로 시장에서 일반적으로 공급되는 민간 주택과 공영 임대주택의 중간 형태다. 주거 약자에게 국가와 비영리 조식이 함께 협력해 공급하는 지속가능한 방식이다. 시가 소유한 버려진 토지를 공동체 토지신탁이 저렴한 가격에 매입해 신탁 회원에게만 주택 구매자격 및 임대주택 배정 권한을 부여하며, 주택 및 토지 소유권은 신탁과 주택 소유자가 일정 비율로 분할해 가지고 있어야 한다. 지역 구성원들이 공동체를 형성하고 각자 투자하거나 직접 주택을 설계하고 건축함으로써 지역사회에 대한 강한 결속력을 확보할 수 있다.

공공기관이나 건설회사 중심으로 대규모 주택공급에 의존하는 우리나라와 달리 사회적기업이라는 제3섹터 방식으로 지속가능한 사회, 문화, 경제적 공감대를 형성하는 것으로, 삶의 질 향상에도 상당한 효과가 있으리라 생각한다.

입주자들이 스스로 마무리하는 옵션은 소유 의식을 크게 함양시킬 것으로 본다. 적정한 가격으로 저소득층 주거권 및 주거 안정성을 보장하며, 주민 중심의 자치구조 형성을 통한 공동체의식 강화라는 이점을 살릴 수 있다.

애슐리 베일
자가주택 건립 사업[58]

애슐리 베일(Ashley Vale)은 브리스톨 시내 북쪽에 위치한 동네다. 바닥은 콘크리트로 덮여 있고, 3층 건물과 큰 창고 2개, 작은 건물 몇 개가 방치된 상태였다. 1990년대 부동산 개발업자가 대규모 개발계획을 제안했으나, 인근 주민이 직접 집을 지을 수 있는 기회를 만들고자 2000년에 비영리 회사를 설립하고 토지를 구매해 공동 주택을 조성했다.

이 사업을 처음 시작하면서 모인 지역사회가 애슐리 베일 액션 그룹이고, 주택 소유주가 공동체를 이루어 협업으로 자신들의 직접 집을 지어 각자 저렴한 주택을 마련했다(애슐리 베일 자가주택의 건립 과정과 그 후 공동체 활동에 대한 자세한 내용은 스프레드아이 사례 연구 보고서 「에슐리 베일 셀프 빌드 공동체」 참조, https://goo.gl/kHZ72T). 사

---

58 잭슨 몰딩(애슐리 베일 액션 그룹 & 에코 모티브 대표) 강연. 2016. 5.

애슐리 베일 자가주택 전경

업을 운영하면서 습득한 지식과 기술을 필요로 하는 공동체가 많다는 것을 알고 전국에 확산시키고자 설립한 회사가 에코 모티브(Eco Motive)이다. 에코 모티브는 자가주택 프로젝트 기반 일자리 창출 및 기술적인 사항을 영국 전역에 컨설팅해 주고 있다.

애슐리 베일 액션 그룹이 진행하는 프로젝트를 성공적으로 이끄는 데 가장 중요했던 것은 사람이다. 공간과 건물에 관한 모든 것(계획, 건설, 관리 모두 포함)을 결정하기 때문이다. 브리스톨에 살고 있는 평범한 사람들이 감당할 수 있는 정도의 금액으로 집을 짓는 것이 목표였고 그렇게 하려면 토지를 구입하고, 공동체를 형성하는 일부터 해야 했다. 애슐리 베일 액션 그룹은 사람들을 모아 일정 금액의 보증금을 납입하게 하고, 모인 돈으로 부지를 함께 구입했으며, 어떤 디자인으로 집을 지을지 합의한 뒤 공사에 들어갔다.

공동으로 구입한 부지에 20채를 지었고, 개인으로 참여한 사람들이 노인을 위한 단층 6채도 직접 지었다. 그리고 공동체를 위한 사무실 공간을 확보해 다양한 모임 공간으로 활용하고 있다. 공사 당시 겪었던 어려움은 공동체가 구매한 토지 밑으로 물이 흘러서 기반을 단단하게 다지는 데 필요한 기술적 문제뿐이었다.

■ 개성을 부각한 주택 디자인

집을 지을 때는 주택별로 자신만의 디자인을 고민한 흔적이 있고, 각 집마다 개인 정원이 확보되어 있다. 또한 공동체 정원과 진입로도 조성했다.

애슐리 베일 자가주택 내에 조성된 정원과 오솔길

공사 시작 당시 바닥에 있던 콘크리트가 단열이 될 거라는 생각으로 걷어 내지 않고 그 위에 집을 지었으며, 벽은 가벼운 목재를 사용했다. 자신의 집을 스스로 디자인해서 직접 시공하는 것을 원칙으로 했지만, 경험이 있는 가족이나 친구들이 도움을 주었다.

착공도 하지 않은 집, 지붕을 올리는 집, 벽 공사를 하는 집 등 각 집마다 진행 속도가 달랐다. 집을 짓는 데 들어간 비용은 75,000 파운드로 인건비가 포함되지 않은 금액이다. 그 집에 살 사람이 직접 디자인하고 작업했기 때문이다. 결과적으로 택지를 포함해 약 10만 파운드(약 1억 5,000만 원)가 들었는데, 같은 비용으로는 브리스톨 지역에서 개인주택을 구입할 수 없다.

부지 외곽에 위치하는 1차 주택 프로젝트를 완성한 다음, 부지 안쪽에 집을 짓는 새로운 공동체 프로젝트를 시작했다. 두 번째 그룹이 집을 지을 때는 첫 번째 그룹이 모여서 외장 및 디자인을 정리해 주었고, 내부 디자인은 집주인이 결정하는 시스템이어서 시간이 많이 단축되었다. 모두 친환경 자재를 사용했다.

공동 주택과 이웃한 주택 지역 사이에 주차공간이 있었는데 그곳에 공동 정원을 만들어서 양쪽 주택 지역이 함께 가꾼다. 정원을 계기로 양쪽 주택에 거주하는 주민들이 함께 어울리게 되었다.

■ 상호신뢰로 만드는 환경 개선

예전에는 주차공간을 지자체에서 관리하는 것이 보통이었으나 이제는 이를 공동체가 직접 관리하도록 권한을 이전했기에 가능한 일이

애슐리 베일 자가주택과 연결된 미나 로드 주택가 주차장

었다. 흥미로운 점은 공동 정원을 만들고 거주하는 주민에게 정원을 관리하는 기회를 제공했더니 쓰레기를 버리는 것 같은 공공질서 훼손 행위가 많이 줄어들었다. 한 설문 조사 결과 공동체 주택 주민은 범죄 발생에 대한 불안감이 없었고 소속감, 이웃에 대한 믿음, 안전, 이웃 존중 등 다양한 항목에서 만족도가 상당히 높게 나왔다.

부지 위쪽으로 아파트 6채를 추가로 짓고 있다. 입주 예정자는 정해지지 않았지만 이 아파트를 구입해 들어오면 집주인이 직접 내부 디자인과 유지보수를 해야 한다. 또한 새롭게 시작하는 스너그라는 집은 기존 프로젝트 경험을 살려 좀 더 기간을 단축하고자 고안한 방법으로 이미 만들어진 구조물을 가지고 와서 집을 짓는 방식이다. 박스 형태 섹션이 4개로 나뉘어 있고 여러 가지 옵션에 따라 구조를 구성할 수 있다. 즉 형태와 넓이가 정해진 구조물을 가져와 내부를 새롭게 조립하는 방식이다. 그 다음에 시도할 공동체 토지신탁의 프로젝트는 공동으로 땅을 사고 집을 디자인하며, 집 짓는 기술이 없는 사람들에게 방법을 가르쳐 집을 지을 수 있게 하는 것이다.

▌정책 착안사항

애슐리 베일의 마을 조성 사업은 영리를 추구하지 않는 조직이 토지를 소유해 토지의 가치를 지역사회가 공유하도록 하는 시스템이다. 즉 버려진 땅을 활용해 공동체가 모여서 토지를 구입하고 집을 건축한 후 생활터전을 마련한 사례로 많은 도시와 마을의 귀감이 되고 있다. 자산을 공동으로 소유한 주민은 단순 거주 의미를 넘어 지역사회, 행정조직과 거버넌스 구조를 만들어 지역사회 활성화에 기여한다는 것을 알 수 있다.

부동산 개발업자들이 대량으로 공급하는 집에서 사는 것보다 자신이 지은 집에서 살아가는 의미 있는 방안으로 새로운 대안이 될 수 있다. 주민 스스로 만들어 가고 관리하는 지속적 운영이 담보되어야 하며 함께 살아가는 방식을 시험해 보는 시도이기도 하다.

애슐리 베일의 경우 집집마다 주인의 취향에 따라 내·외부를 디자인했고, 이후 추가한 프로젝트에서는 외부 디자인은 통일시키고, 내부(인테리어)만 집주인 취향에 맞춰 꾸미게 한 것도 주목해 볼 만하다.

우리나라의 재건축과 재개발사업에서는 주민 대부분이 대단위 고층 개발을 요구하지만 지역 상황을 고려해 주민 맞춤형으로 진행해 주민이 떠나지 않는 재생이 필요하다. 민간 영역과의 신뢰를 바탕으로 토지신탁을 통한 자가 건축 방식 실행 가능성을 검토할 필요가 있다.

애슐리 베일 사업은 요즘 사회적 이슈 중 하나인 주택 문제와 산업 유휴지라는 자원 활용을 동시에 해결한 사례다. 안산, 특히 대부도 등지에서 새로운 생활문화 개발과 동시에 인구 유입으로 이어지게 할 효율적인 방안이 되리라 판단된다. 이런 유형의 마을 조성은 파주의 헤이리와는 다른 측면의 문화마을로서 각광받을 수 있다.

제5장

·

스페인 빌바오의
도시재생사업

과감한 도시재생
전략[59]

흔히 구겐하임 미술관(Guggenheim Museum)이 빌바오 시를 바꾼 대표 건축물이라고 알지만 구겐하임 미술관이 빌바오 시를 바꾼 직접 원인은 아니다. 미술관은 빌바오 시를 세계에 알리는 데 역할을 한 것 뿐이며, 사실 이 도시를 바꾼 것은 25가지 프로젝트다.

■ 도시를 살려 낸 도시재생 전략

과거 빌바오는 제조업이 산업의 중심인 도시였다. 20세기 초에 이르러 철광석이 고갈되었지만, 원래는 고품질 철광석이 생산되었으며 특히 영국에서 많이 수입해 갔다. 1930년 산업화가 처음 시작될 무

---

59 아시아 에이번(빌바오 도시계획국장) 강연. 2015. 9. 아시아 에이번은 현재 3선 시의회 의원이며, 빌바오 시의 도시계획국장을 맡고 있음. 전에는 교통관련 부서에서 일했음.

빌바오 네르비온 강

렵에는 조선업, 제철업이 주를 이루었다. 빌바오에서는 네르비온 강
(Nervion River)을 따라 시청 앞까지 배가 들어온다. 과거 제철공장이
많았기에 언제나 수출품을 선적하고 출항할 수 있도록 바다가 아니
라 강 상류인 시내에 항구가 자리 잡았기 때문이다. 강 주변 계곡을
따라 산업시설과 각 공장의 부두가 줄지어 있었다.

　　그러다 1980년대에 들어서면서 위기가 시작되었다. 많은 노동력
을 필요로 하는 산업들이 경쟁력을 잃고 문을 닫았다. 공장이 하나
둘씩 사라지면서 실업률은 24%까지 치솟았으며, 그에 따른 심각한
사회 문제들이 나타났다. 바스크 지방[60]으로 많은 마약이 유입되었

60　바스크 지방은 피레네 산맥 서부에 있는 지방으로, 스페인과 프랑스에 걸쳐 있음. 바스크어를
　　쓰는 바스크인이 살고 있음. 인구는 2006년 기준으로 약 300만 명이고, 중심 도시는 빌바오
　　(Bilbao)임.

빌바오 보행자 도로

고, 테러리즘까지 퍼졌다. 나쁜 시기에는 나쁜 일만 생긴다고 1983
년에는 엄청난 대홍수로 강이 범람하면서 도시 중심부가 완전히 물
에 잠겼다. 그러니 빌바오 도시계획은 여유로운 상황에서 계획된 것
이 아니라 이처럼 급박한 상황에 몰려 시작되었다.

1983년 범람 이후 가장 먼저 한 것은 구도심 복원이었다. 도시
중앙은 차량 통행을 금지시키고 보행로로 바꾸었다. 두 번째는 바닷
가 항만시설 확장이었다. 강변을 따라 있었던 항만시설과 기타 관련
시설을 모두 바닷가에 새로 조성한 항으로 옮겼다. 이와 더불어 강
도 정화했다. 원래 강은 이루 말할 수 없을 정도로 오염이 심했다.
특히 중금속 오염이 심했다. 구겐하임 미술관에 투자한 비용의 6배
에 달하는 8억 유로(약 7,700억 원)를 20여 년에 걸쳐 투자했다. 이 비
용은 시민에게 받은 수도세를 바탕으로 조성했다. 그 결과 강은 수

많은 물고기가 살 만큼 맑아졌다. 이로써 강은 도심 깊숙이 들어왔고 자연스레 강 주변에 좋은 땅이 생겼다. 이 땅은 시민을 위한 공간으로 조성했다. 그러자 과거에는 강을 등지고 있던 건물들이 강으로 향하면서 도시가 성장하기 시작했다. 이런 추세에 발맞춰 네르비온 강변과 주변 섬을 연결한 다리를 비롯해 강 양쪽으로 바느질하듯이 다리를 놓았다.

이 변화로 말미암아 관광이 빌바오 시의 주요 산업으로 자리매김했다. 빌바오는 2012년 기준 73만 관광객이 찾는 도시가 되었다. 의사나 변호사 같은 전문직종의 세계 회의가 열리는 컨벤션도 연간 83회에서 1,000여 회로 늘어났으며 호텔 수도 두 배로 늘어났다. 조선소와 철강공장이 있던 지역에는 현재 에우스깔두나(Euskalduna)라는 문화센터와 해양박물관 등이 자리 잡았다.

또한 빌바오 시는 대학 사이에 고리를 만들어 도시와 연결할 방법도 찾고 있다. 빌바오에 있는 3개 대학을 거점으로 새로운 기술단지를 만들고자 한다. 사무디오 기술단지와 미크로 에스파시오스 사례에서도 알 수 있듯이 빌바오 시 산업 구조는 기술 중심으로 바뀌고 있다. 이에 빌바오 시는 중요 거점 지역에 창조산업 시설을 추진해 융복합적인 경제 효과를 창출하고자 한다.

■ 구겐하임 미술관의 효과

1990년대 초 구겐하임 재단은 유럽 여러 도시에 미술관을 지어 준다면 미술품을 제공하겠다고 제안했다. 그러나 모든 도시에서 제안을

구겐하임 미술관과 멀리 보이는 살라브 다리(Puente de La Salve)

거절했다. 후보지가 아니던 빌바오 시와 지방정부는 이 사실을 알고 구겐하임 재단과 접촉했다. 마침 빌바오 시는 도시의 상징으로 삼을 건축물을 지으려 했기 때문이다. 그러나 이 계획을 지지하는 정당은 PNV당(바스크민족정당)뿐이었다. 다른 정당들은 절대로 진행해서는 안 되는 계획이라며 결사반대했다. 그도 그럴 것이 당시에는 많은 공장이 문을 닫아 수많은 사람이 일자리를 잃었기에 무엇보다 새로운 일자리를 창출하는 것이 급선무였다. 그런데 뜬금없이 현대미술관을 유치하겠다며 1억 유로나 들이겠다는 정부를 지지하는 것이 더 이상할 수도 있었다. 게다가 구겐하임 재단의 요구도 지나친 감이 없지 않았다. 미술관 자체가 하나의 예술품이 되어야 한다는 조건을 내걸었고, 이에 대한 비용으로 2,000만 유로를 지불해야 했다. 거기에 미술관에 전시할 다른 현대 작품들까지 구입할 것을 요구했다.

여건이 녹록치 않았지만 빌바오 시는 구겐하임 재단에 빌바오 미술관 허가 없이 유럽에 다른 미술관을 짓지 않겠다는 서약을 받아내며 계획을 진행했다. 엄청난 반대를 뚫고 진행된 이 프로젝트는 2013년 기준 건축비의 37배에 달하는 이익을 창출했다. 지금은 구겐하임 미술관에 반대하는 사람이 거의 없다. 구겐하임 미술관 건립 이후 시는 다른 예술 시설에도 투자했다. 문화가 도시경제를 살리는 동력 가운데 하나라는 사실을 인식했기 때문이다. 관광객 유치뿐만 아니라 도시를 새롭게 디자인하는 데도 도움이 된다고 판단해 고고학 박물관, 리프로덕션 뮤지엄 등을 복원했다.

이런 재생계획으로 가장 많이 변한 곳은 아반도이바라라는 지역으로, 구겐하임 미술관과 에우스깔두나 센터 사이 구간을 가리킨다. 이곳에는 원래 조선소와 항만, 철도 시설이 있었다. 그러나 앞서 언급했듯이 미술관과 문화센터를 세우고, 강변 공원을 복원하는 등 주변 환경을 개선했다. 그리고 남은 공지를 매각한 수익금은 지역재생을 위한 회사(빌바오 리아 2000)에 재투자했다.

■ 지역을 배려하고, 도시 면모를 바꾼 재생사업

도시재생 정책에서 가장 신경을 쓴 것은 모든 지역에서 골고루 변화를 느낄 수 있도록 하는 것이었다. 도시 중심과 시 외곽이 불균형해지지 않도록 노력했다. 빌바오는 분지로 산이 많기 때문에 특히 사람들이 편하게 걸어 다닐 수 있게끔 하는 데 투자를 많이 했다. 빌바오 시 전체에 30여 개 엘리베이터와 케이블카가 있고, 이는 높은 지역에 있는 주거지역과 낮은 지역에 있는 상업지역을 연결한다. 이와 더불어 사회의 안정성도 고려했다. 그런 점에서 구도심 지역의 버려진 공원들도 손봤다. 살기가 불편해 떠나는 사람이 많아지자 이런 곳은 사창가나 마약 거래 현장이 되었기 때문이다.

도시 내 주차시설도 17년간 3배로 늘렸다. 민간 투자를 유도해 2억 2,000유로를 유치해 이를 재원으로 활용했다. 시유지 임차 기간을 20년에서 40년으로 연장해 여기에 건물과 지하주차장을 지어 사업을 하게끔 했다. 임차 기간이 끝나면 이는 시의 자산이 된다. 개인 사업자는 지상 주차장 사업에도 투자할 수 있다. 그러나 누구나 수익성이 떨어지는 외곽 대신 수익성이 높은 도심 사업권을 원한다. 그래서 시는 외곽과 도심 지역 주차장 사업권을 함께 묶어 분양했다. 대신 개인도 사용하는 외곽 주차시설은 좀 더 싸게 설치할 수 있도록 해서 건축주가 외곽의 손해를 도심의 수익으로 만회할 수 있게끔 했다.

한편 빌바오 시 재생사업에서 특히 중요했던 작업 가운데 하나는 도심 철로를 없애는 일이었다. 예전에는 많은 철로가 도시 중심부를 지나며 도시를 여러 개로 나누어 놓았다. 지역에 따라 어떤 철로는 아예 다른 지역으로 옮겼다. 시청 앞이 그런 예다. 지금 모습과 예전 모습은 완전히 다르다. 철로를 지하로 넣은 곳도 있다. 이런 곳에는 새로운 거주 단지를 만들면서 공원도 함께 배치했다. 그리고 새로운 역과 함께 지상과 지하 사이에 주차장도 만들었다. 또 새로운 프로젝트로 철로를 지하로 옮긴 곳 가운데는 지상에 트램을 설치

빌바오 도심 자전거 전용 도로와 보행자 도로

한 곳도 있다. 몇 년 전까지 도심에는 건설한 지 10년 된 도심 고가 도로도 있었다. 이 도로는 당시까지 도시로 진입하는 유일한 도로였으나 무척 보기에 좋지 않았다. 그래서 도시와 고속도로를 연결하는 새로운 진입도로를 낼 때 이 고가도로를 철거해 지하로 넣고, 지상은 공원으로 조성했다.

현재 건설하고 있는 프랑스 보르도 지역과 스페인을 연결하는 고속철도가 연결되면 빌바오는 이 지역의 주요 교통 거점으로 도약하는 한편, 빌바오에 남은 도심 철로는 모두 사라진다. 그러면 현재 철로로 나뉘어 슬럼화된 지역과 도심을 연결해 다시금 사회 안정화도 꾀할 수 있을 것이다.

■ 좋은 건축이 이끄는 도시 변화

빌바오 시는 공공기관에서 세운 건물은 물론 민간 건축물까지 모두 뛰어난 건축가에게 의뢰한다. 처음에는 빌바오에서 도시재생 차원으로 유명한 건축가를 초빙하고자 노력했으나, 이런 흐름 덕분에 요즘은 빌바오가 건축가들의 경연장이 되는 추세다. 빌바오 시를 국제화하는 데 아주 중요한 역할을 한 빌바오 공항 역시 스페인 출신의 미국 건축가인 산띠아고 깔라뜨라바(Santiago Calatrava)가 디자인했다. 빌바오 시 지하철 입구는 노먼 포스터(Norman Foster)가 디자인했다. 빌바오 시민들은 유리 튜브형인 지하철 입구를 애칭인 '뽀스테리또'라고 부른다. 꼬마 노먼 포스터라는 뜻이다. 빌바오 지하철은 시에서 아주 중요한 교통수단이다. 100만 명이 사는 도시에서 2014년

빌바오 메트로 지하철역

에만 8,700만 명이 지하철을 이용했다. 1987년부터 2012년까지 건설 비용으로 31억 유로를 투자했고, 운영하는 데는 11억 유로를 투입했다. 이 비용은 대부분 바스크 지방정부에서 지출한 것이다.

건물뿐 아니라 거리에도 세계적으로 유명한 예술가의 작품이 전시되어 있다. 이를 계기로 빌바오 시는 싱가포르의 리콴유상을 받았고, 유럽에서 가장 뛰어난 행정 도시로 뽑혀 엡사(EPSA 2011) 상도 받았으며, 상하이 박람회에도 초대받았다. 현재 도시 중앙에 개발하지 않은 지역이 있다. 네르비온 강에 접한 조그만 반도 모양 땅으로, 운하를 연결해 새로운 주거지역으로 만들 계획이다. 이 계획은 자하 하디드(Zaha Hadid)라는 세계적으로 유명한 이란 건축가가 기획했다.

옛 항만청은 공업연구소로 결정되었다. 곧 빌바오에서 가장 큰 민간병원을 설립할 예정이며, 빌바오 공항도 확장할 예정이다. 알론디가(La Alhondiga)라는 센터도 있다. 옛날에는 포도주 창고였으나 지금은 피트니스 센터, 대형 도서관, 영화관, 박물관, 극장, 콘퍼런스 홀 등으로 구성되어 있다. 기존 축구장 바로 옆에는 새로운 축구장도 지었다. 모든 국제 경기를 유치할 수 있는 규모다. 또한 바스크 지방 전통 공놀이인 프론톤(Fronton) 경기장도 세웠으며 소방시설과 시청 건물도 새롭게 건립했다.

강변에 있는 재래시장도 복원했다. 구조 자체가 위험해서 완전히 처음부터 지어야 했다. 그 결과 이 시장은 유럽에서 제일 큰 지붕 덮인 시장으로 거듭났다. 도시 주변 산지도 복원하고 있다. 현재 이곳에는 공원, 캠핑장, 공연장이 있다.

한편 극장을 비롯해 옛날 건물 복원에도 힘쓰고 있다. 스페인 다른 도시에 비해 빌바오에 더 멋지고 오래된 건축물이 많은 것은 아니다. 그러나 빌바오 시는 새로운 건물을 지어 도시를 재생하는 것보다 기존 건물을 보존하는 것이 더 중요하다고 판단했다. 도시의 과거를 이해해야 앞으로 나아갈 수 있기 때문이다. 한 예로 에체바리아(Etxebarria) 공원 안에 있는 산업시대 굴뚝을 들 수 있다. 이런 자산을 남겨 두어야 미래 빌바오 시민도 과거를 기억할 수 있다.

■ 정치적 합의와 의지가 만들어 낸 도시혁신

약 25년 동안 강을 따라 시행된 25가지 프로젝트는 빌바오 시를 비롯한 주변 지역까지 바꾸어 놓았다. 빌바오 시의 인구는 사실 35만 명이지만 강을 따라 이어지는 주변 도시 인구까지 포함하면 100만 명 정도로 볼 수 있다. 이처럼 많은 이의 생활을 바꿔 놓은 빌바오 도시계획에서 가장 중요한 부분은 바로 타협과 합의였다.

중앙 및 지방 자치정부, 여러 정당이 모두 모여 지역재생을 위한 회사(빌바오 리아 2000)를 설립했다. 당연히 빌바오 시청도 참여했다. 지금까지 강 주변에서 시행한 큰 사업은 모두 이곳에서 담당했다. 다른 정부기관은 이 회사를 지원하는 시스템이다. 돈을 직접 지불하거나 신용보증을 하거나 땅을 용도변경할 수 있도록 돕기도 한다.

주변 환경 변화에 따라 가치가 높아진 지역 땅을 개인에게 판매하고, 이 수익으로 다시 공공시설에 투자함으로써 별도 비용을 들이지 않고 도시계획을 시행할 수 있었다. 모두 장기 계획이었고, 그사이 중앙 및 지방 정부 정권도 많이 바뀌었지만 계획은 계속 진행되었다. 이런 일이 가능했던 것은 지역재생을 위한 회사를 설립하고, 여기서 발생하는 수익을 어느 특정 기관이나 개인에게 돌리지 않았기 때문이다. 그리고 무엇보다 모든 시민이 도시 변화를 느낄 수 있도록 시 구석구석을 계획에 따라 재생했기에 가능했다. 그렇지 않다면 모든 과정에서 빠르고 쉽게 합의에 이를 수 없었을 것이다.

[주요 질의응답]

아시아 에이번(빌바오 도시계획국장)

Q 구겐하임 미술관에 소요된 재원은 얼마나 되는가?

A 건축 비용은 지방정부가 50%, 비스카야 주정부가 50%로 부담했으며, 토지 비용과 세금은 시에서 지원했다. 구겐하임 재단에서 제공한 부분은 적다. 구겐하임 로고 사용권, 베니스나 뉴욕 등에 있는 세계 다른 구겐하임 미술관과의 작품 공유권 정도이다. 빌바오 구겐하임 미술관에 들어간 예술품은 전부 바스크 지방정부의 예산으로 구입했다. 구겐하임 미술관 운영 비용도 우리 정부가 부담한다.

Q 구겐하임 미술관의 1년 운영비 대비 수익은 어느 정도 되는가?

A 미술관 자체 소비와 지출만으로 수익을 계산하지는 않으며, 관광객이 지출하는 호텔비, 식사비, 교통비 등을 모두 포함해 계산한다. 구겐하임 미술관이 건설 비용의 37배에 이르는 이익을 냈다고 한 것은 미술관 경영만 두고 계산한 것이 아니라, 외국인이 와서 쓴 비용을 모두 계산한 것이다. 바스크 지방정부는 직접 지방민에게 세금을 걷고 그 세금을 집행한다. 즉 중앙정부에서 세금을 걷지 않아서 수익을 정확하게 알 수 있다. 구겐하임 방문객

이 이 지역에서 쓴 모든 비용을 바탕으로 거두어들인 세금이 구겐하임 미술관 건립 당시 투자한 원금을 1년 만에 만회했다는 말이다. 건립 당시 구매한 미술품의 가격이 4배로 뛰기도 했다. 그리고 당연히 미술관을 운영하는 비용은 정부에서 지불한다.

Q 고지대에 사는 분들이 이동하기 편하도록 시설을 설치한 일이 가장 잘한 투자라 생각하는 이유는 무엇인가?

A 빌바오는 분지라 많은 동네가 산에 위치하는 데다 노령화 도시이기도 하다. 실질적으로 노인들이 도시를 다니는 데 어려움이 많았다. 고령자를 비롯해 장애인 같은 보행 불편자는 도움 시설이 없으면 집에 갇혀 살아야 하기에 생활이 어렵다. 엘리베이터나 케이블카 같은 시설을 설치하면서 그들이 자유롭게 도심을 다닐 수 있게 되었다. 또 빌바오 아파트는 대개 4~5층이지만 옛날에 지어 엘리베이터가 없는 곳이 많았다. 그런 아파트에는 시에서 엘리베이터를 설치해 주었다.

Q 런던에서는 시내의 교통 혼잡을 줄이고 대중교통 이용을 늘리고자 주차장을 없애려 하는데, 빌바오는 오히려 주차장을 늘리고 있다. 배경 논리가 있는가?

A 교통 체증을 없애려면 지역 주민이 차를 둘 곳을 마련해야 한다고 생각한다. 그러나 그 동네 주민이 아니라면 주차하기 어렵게 하는 것이 맞다. 도심 거주민은 비용을 지불하지 않고 주차할 수 있으나 외부 사람들은 주차하는 데 비싼 비용을 지불하도록 했다. 그리고 차가 다니는 도로를 많이 줄였다.

한편 정부에서는 대중교통 수단에 많은 투자를 하고 있다. 버스는 70% 지원금으로 운영된다. 어떤 대중교통 수단은 주민이라면 거의 무료로 이용할 수도 있다. 그런데도 꼭 자가용을 이용해 도심에 들어온다면 그 비용을 지불해야 한다. 빌바오 시는 자동차 번호판에 따라 어떤 차가 어디에 얼마나 서 있는지 파악할 수 있다. 녹색선으로 표시된 지상주차장은 5시간, 파란색인 지상 주차장은 2시간 이상 주차할 수 없도록 제한하며, 제한시간이 지나면 그 지역을 떠나 다른 지역에 주차해야 한다. 그 지역 어느 지상 주차장에서도 3시간 내에는 차 번호가 입력되지 않아 주차할 수 없다. 사실 차를 가지고 나온 사람에게는 무척 불편한 시스템이다.

지상이든 지하이든 주차할 때는 가격으로 결정하며 2시간 이내인 경우는 지상층이 더 저렴하고, 2시간 이상이라면 지하가 더 저렴하다. 런던은 도심으로 들어오는 비용을 지불하는 것으로 알고 있는데 빌바오에 그런 제도는 없다. 대신 도심에 들어온 차에 대해서는 주차비를 통해 혼잡 비용을 걷도록 해 놓았다. 예를 들어 대중교통 수단으로 시내에 들어오는 데 드는 비용이 1.6유로라면 차를 가지고 들어오면 주차비로 12유로를 지불해야 한다.

Q 스페인은 지방자치가 잘 이루어진 곳이다. 미술관을 건립할 당시 많은 시민이 반대했다고 하는데 현재 상황은 어떤지, 미술관과 지역사회는 어떻게 결합하는지, 또 도시 이미지를 바꾸는 다른 중요한 과정에서는 시민들이 참여했는지 궁금하다. 하천을 바꾸거나 지상 철도를 철거하고 지하철을 만들고 트램을 만드는 과정에서 말이다. 아니면 시 정부와 정치인이 이끌고 간 것인가?

A 조금 전 질문과 연계해서 답변하자면 시민들의 삶에 영향을 많이 줄수록 시민들의 관심도 커진다. 예를 들면 주택가에 찻길을 없애고 인도를 만들 때, 주차시설 같은 대체 시설을 제시하지 않고 찻길만 없앤다고 하면 주민의 호응을 얻을 수는 없다.

모든 지역마다 기반시설은 지역 주민과 합의해 만든다. 빌바오 도시재생의 많은 계획이 처음 기획과는 다르게 진행되었다. 산뚜추(Santuchu)라는 지역에서 보행로만 만들겠다고 했을 때, 찬성하는 시민도 있었지만 반대하는 시민이 있었다. 결국 시민의 의견을 받아들여 일부 찻길을 남기고 보행로를 넓히는 방향으로 계획을 변경했다. 물론 모든 도시계획을 그런 식으로 진행하지는 않는다. 구겐하임 미술관은 모든 시민이 반대했고, 또 의견을 구한 것도 아니다. 콘퍼런스센터도 마찬가지다. 반면 앞서 소개한 새로운 도시 진입도로 프로젝트는 도로공학적으로는 좋은 방법이 아니지만 시민과 합의해서 만들었다. 또한 고가도로가 있던 곳에 집을 지은 것도 시민의 요구에 따른 것이다.

미술관과 지역 결합에 대해 말씀드리면, 미술관 친구라는 프로젝트가 있다. 연회비를 아주 조금만 내면 회원으로서 미술관을 자유롭게 이용할 수 있다. 대부분 이 지역 주민이 회원이고, 시민이 많이 활용할 수 있게끔 전시 예술품에 관한 정보 제공, 무료 입장권 제공 같은 혜택을 준다. 그러나 외부 관람객이 훨씬 많은 것도 사실이다. 아마 다른 도시도 마찬가지라고 생각한다. 보통 집 옆에 있는 미술관에는 잘 안 가지 않는가?

Q 미술관 유치 초기에 반대 의견이 압도적이었다고 들었다. 유치를

주도한 사람들의 정치적 위상이 뒤에 나아졌는가? 수익이 나기 시작한 시점부터 시민 입장이 바뀌었을 텐데 정치 상황이 바뀌는 데는 그로부터 얼마나 걸렸는가?

A 구겐하임 미술관 유치에 가장 중요한 역할을 한 사람은 3명이다. 당시 빌바오 시장이었던 오르뚜 온도, 도시계획국장이었던 이본 아레소, 변모하는 빌바오 시를 꿈꾸었던 인사들이다. 그리고 당시 주정부 경제담당국장이었던 라스꾸 라인이 가장 큰 역할을 했다. 사람들 생각이 바뀌기까지는 4~5년이 걸렸다.

정치적 위상 부분은 이본 아레소는 이후 빌바오 시장이 되었다가 최근 퇴직했고, 당시 빌바오 시장이었던 오르뚜 온도는 유럽의회 의원에 당선되었다가 현재 퇴직해서 행복하게 지내고 있다. 그렇지만 사실 지역 민심변화로 그렇게 된 것은 아니다. 그리고 계속 개인에 대해 관심을 가지는데, 개인보다 정당 입장에서 바라보면 좋겠다. 1978년 이후 당시 미술관을 유치했던 정당이 계속 집권하고 있으며, 한 번도 선거에서 패배한 적이 없다.

그러나 도시계획 자체가 한 사람의 임기 안에 진행할 수 없는 일이고, 굉장히 장기간에 걸쳐 전략적으로 추진해야 한다. 아마 나라마다 임기가 다를 것이다. 그렇기 때문에 프로젝트에 관련된 정부와 지자체 간의 합의가 굉장히 중요하다.

Q 강을 재생하면서 다리를 놓은 이야기를 할 때 '바느질한다'고 표현했다. 이는 지역사회 연결을 뜻하는 것인가? 그렇다면 다리 말고도 지역 내 격차를 해소하려는 노력에는 어떤 것이 있는가?

A 지역 격차 이야기는 아니었다. 교통과 소통을 원활하게 하려 했

다는 의미였다. 예전에는 배가 들어와야 해서 다리를 많이 놓지 못했으나, 지금은 반대로 배가 들어오지 말라는 뜻으로 다리를 놓은 것이기도 하다.

시에서 운영하는 수르비사(Surbisa)라는 기업이 있다. 1983년 범람 이후 구도심 지역 복원을 위해 설립된 회사다. 도심 복원이 끝난 뒤에는 도시 내 다양한 지역 개발을 담당한다. 지금은 80년 이상 된 오래된 집들을 복구하는 데 집중하고 있다.

Q 빌바오 지하철에 37억 유로를 투자했다. 35만 명이 사는 도시가 100만 명 거주권역까지 연결된 상황에서 이용객은 얼마나 되는가?

A 2012년까지 31억 유로를 투자했다. 인건비와 지하철 운영비, 전기세, 세금 등으로는 11억 유로가 들었고 건설비가 아닌 이 운영비의 80%는 지하철 티켓 판매로 충당된다. 나머지 20%는 정부에서 지원을 받는다. 정부 지원금은 앞서 언급했다시피 버스가 70%로 가장 많이 받는다. 지하철은 비스카야 컨소시엄에서 운영하며, 이는 바스크 지방정부와 비스카야 주정부가 50%씩 투자해 설립한 컨소시엄이다.

비스카야 주는 대중교통 체계가 매우 복잡하다. 중앙정부, 지방정부, 주정부, 시정부가 각각 교통 권한을 나누어 가지기 때문이다. 도시버스는 빌바오 시 소속이고, 경전차와 철도 가운데 하나는 바스크 지방정부 소속이며, 2개 철도는 스페인 중앙정부 소속, 지하철은 비스카야 컨소시엄 소속이다. 근교 시외버스는 비스카야 주정부가 관할한다. 대중교통 기관은 모두가 함께 설립한 교통 컨소시엄에 모여 있어 모든 대중교통을 단 하나의 티켓팅 시스템으로 운영한다. 런던처럼 교통카드를 사용하며 그것으로 모든 지역을 다닐 수 있고 환승이 가능하다.

Q 빌바오의 도시재생은 정부가 주도하고 전문가가 함께한 방식이다. 공동체나 사회적기업이 지역에서 하는 부분은 무엇인가?

A 리아 2000 외에 메트로폴리-30이라는 협회를 설립해 전문가의 지식과 조언을 듣고, 이들과 함께 전략을 짜 실행한다. 구겐하임의 성공은 협동조합의 성공이다. 구겐하임 미술관 건설은 세계에 바스크 지방 협동조합이 어디까지 할 수 있는지를 보여 주는 일이기도 했다. 참여한 모든 회사가 협동조합은 아니었지만 중요한 시공은 협동조합이 담당했다. 또한 이 건설에 참여한 기술 회사는 모두 바스크 지역 회사였다.

Q 건설비가 1,000억 유로에 가까웠다고 들었다. 사회적기업인 몬드라곤 협동조합들이 참여할 자본을 갖추고 있었는가?

A 구겐하임 건설에 여러 몬드라곤 협동조합 소속 회사들이 참여했다. 기술력이 있다면 당연히 지역 기업에게 먼저 기회를 줘야 한다고 생각한다. 바스크 지방 회사들은 스페인 내에서도 기술력이 으뜸으로 꼽힌다. 그렇기에 빌바오 시는 이 지역에 대단한 학자, 공학자가 있다는 것을 외부에 보여 주고 싶었다. 외부에서 온 것은 티타늄밖에 없다.

Q 지역 축제를 의미 있게 보았다. 스페인 전국에서 오는 방문객 때문에 불편하지는 않은가?

A 바스크 지방의 주요 3개 도시에는 전부 일주일간 열리는 축제가

있다. 그중 제일 중요한 것은 투우 소와 사람들이 함께 뛰는 '산 페르민'과 빌바오에서 열리는 '피스타그란데'이다. 이 두 축제 사이에는 빅토리아, 산세바스티안, 바요나 축제가 열린다. 축제에 큰 의미가 있지는 않고 그저 열심히 살아온 삶을 잊고 놀자는 것이다. 건강만 하다면 7월부터 9월 사이에 쉬지 않고 축제를 즐길 수 있다. 축제를 보러 관광객도 많이 온다.

'마리하이아'라는 축제도 있다. 프랑코 독재기간이었던 40여 년 동안 중단되었다가 다시 열린 축제다. 이 축제는 마리아를 상징하는 여자 인형을 작은 배에 태우면서 시작된다. 이 의식은 축제를 다시 열며 새로이 만든 것이다.

빌바오 이모저모

도시재생 학습

구겐하임
미술관

■ 산업도시에서 문화도시로 변신

구겐하임 미술관(Guggenheim Museum)은 1991년 프랭크 게리(Frank Gehry)가 빌바오 시의 요청으로 설계해 1997년 10월에 개관했다.

　네르비온 강에 정박한 선박 형상, 솟구치는 물고기를 본따 비행기 외장재인 0.5밀리미터 티타늄 33,000장으로 외관을 꾸몄다. 흐린 날에는 은빛, 맑은 날은 금빛을 띠어 메탈 플라워라는 애칭이 있다. 시간, 기상변화, 조명, 시점에 따라 다양한 모습을 발산하며 미술관을 투영하는 네르비온 강과 하나 되는 분위기를 자아내고 있어 20세기 최고 건축으로 불린다.

　16세기부터 저개발 국가, 영국과의 교역을 기반으로 상업 중심지로 성장한 빌바오는 19세기 중반부터 강철, 조선, 화학 산업을 중심으로 스페인 대표 산업도시로 부상했다. 그러나 프랑코 사망 후 유럽경제공동체 가입 과정에서 불거진 스페인 산업의 구조조정과 세계적 경기 침체, ETA 테러, 1983년 발생한 대홍수로 입은 산업시설 피해 등으로 1980년대 중반 빌바오는 사회·경제·환경적으로 심각하게 위축되었다. 이런 흐름은 실업률 증가로 이어져 1975년에 2.3%였던 실업률이 1986년에는 26%까지 높아졌다. 이 중 60%가 18~25세 이하여서 심각성은 더욱 컸다.

빌바오 시는 1983년 대홍수로 폐허가 된 곳을 복구하며 시작한 도시재생사업을 계기로 1985년 법률가, 건축가 등 민간전문가 15명으로 구성된 빌바오 도시재생협회(Sociedad Urbanistica de Rehabilitation de Bilbao, SURBISA)를 설립했다.

구겐하임 미술관 전경

1987년 네르비온 강을 중심으로 한 도시기본계획을 수립하고, 철강업, 조선업 등 전통 산업기반이 아닌 문화적 접근을 시도했다. 문화종속과 예산낭비를 우려하는 지역 문화인과 시민의 95%에 이르는 반대 여론에도 빌바오 시는 문화도시 전략 가운데 하나로 1991년, 건설비 및 향후 25년간 운영비 전액을 제공하는 조건으로 구겐하임 미술관을 유치했다.

■ 구겐하임 미술관이 미친 영향

프랭크 게리의 구겐하임 미술관은 바라보는 방향에 따라 전혀 다르게 보이는, 비정형적 형태들이 바위처럼 쌓인 듯한 형상으로 설계된 해체주의 건축이다. 건물은 3층이며 연면적 11,000제곱미터 규모로 아트리움을 중심으로 크고 작은 19개 전시공간이 맞물려 있으며, 모든 전시실은 자연채광으로 편안하고 자연스러운 분위기를 연출한다.

개관 첫 해에만 130만 명이 관람해 관광수입으로 1억 4,000만 달러를 벌어들여 건립투자 비용을 모두 회수했다. 미술관 개관으로 호화 크루즈가 입항하면서 관광수입도 크게 늘어났다. 또한 10년 동안 호텔 수가 10배 이상 늘어났으며, 새롭게 창출된 일자리가 4,000여 개에 달했다. 이는 1970년대 빌바오 철강산업이 전성기였던 때의 종사자 수와 같다고 한다. 빌바오 관광객이 10만 명이던 시절 처음 투자금 회수를 위한 목표 관광객 수는 연 50만 명이었으나, 현재 연간 100만 명 이상이 방문하며 해외관광객 수도 계속 증가하고 있다.

구겐하임 미술관의 세 가지 컨셉은 문화를 통한 경제적 가치를

빌바오 네르비온 강

빌바오 시청 앞 광장 캐릭터 조형물

미술관 내부 전경

만들어 내는 것, 국제사회에서 예술적 지위를 획득하는 것, 통신·대학 등 산업 요소와도 연결할 수 있는 총체적 시설로 만드는 것이었고 이런 계획 가운데 많은 부분을 달성했다. 특히 경제적 성과는 눈에 띄게 높았다.

미술관 건립을 논의하던 시기, 빌바오의 예술가 그룹은 구겐하임 미술관이 기존 지역 예술 사회에 공헌하는 바가 적고 제국주의 문화 종속을 부추길 뿐이라 생각하고 적극 반대했다. 실제로 초창기에는 많은 문화예술단체 예산이 삭감되는 등 여파가 있었으나 구겐하임 미술관으로 수익구조가 개선되면서 문화 예산이 확대되었다. 강당, 대회의장 같은 편의시설 건립과 빌바오 미술관 증축으로 생긴 대안극장과 무용센터에서 풀뿌리 예술운동이 분출했다.

빌바오는 정체성 위기를 맞은 시기에 오히려 문화 창의성과 고유성을 강화시키는 기회를 얻었다. 그리고 그 성공 뒤에는 예산확보와 지방자치라는 중요한 요인이 있다. 실제로 수도 마드리드가 갈수록 유명 문화인을 끌어들이는 데 급급한 반면, 바르셀로나 세비야 같은 지역 중심 도시들은 차별된 디자인 등으로 국제적 영향력을 행사하며 지역 문화를 지키려 노력하고, 그 성과도 나타나고 있다.

▌ 정책 착안사항

구겐하임 미술관 건립이 처음부터 환영받았던 것은 아니다. 그러나 정치적 의지로 추진했고, 그 이후의 경제적 성과를 보면 때로는 시민 의견보다 정치적 판단이 옳을 수도 있음을 보여 준다.

구겐하임 건설에 총 1억 3,500만 유로가 투자되었고, 건물 공사에만 8,400만 유로가 쓰였다. 이 가운데 바스크 주정부 투자금은 3,600만 유로였으며, 1억 2,000만 유로를 미국에서 빌려왔다. 1991년 당시 추정하기로 투자금을 회수하려면 관람객을 연 50만 명 유치해야 했는데, 당시 빌바오 현대미술관 관람객 수는 연 10만 명 수준이었다. 이런 상황을 감안하면 빌바오 계획이 얼마나 파격적이었는지 알 수 있다. 그러나 결과는 실제로 매년 약 105만 명이 찾고 있으며, 결국 개관 3년 만에 건설비를 회수했고, 5년 만에 세금을 포함한 모든 투자금을 회수했다.

구겐하임 미술관은 도시 마케팅의 매개체로서 도시재생과정에 협력하며 경제적 효과를 높이고, 장소의 사회적 통합을 재정의하거나 강화하는 사회적 합의를 만들어 내는 공간이 되었다. 즉 도시민의 문화적 수요를 만족시키고 결과적으로 도시민의 삶의 질 향상에 이바지하는 공간으로 활용되었다는 데에 빌바오 시의 정책적 판단이 크게 기여했음을 확인할 수 있다.

안산시는 악취나 수질 오염 등 공해 문제를 극복했으면서도 오랫동안 오염된 산업도시라는 부정적인 이미지에서 벗어나지 못하고 있다. '숲의 도시'라는 지속가능한 도시 이미지를 재구축하려면 이미지를 개선하고자 지속적으로 노력하고, 이러한 기반 위에 문화 인프라를 강화한다면 이미지 개선 효과를 볼 수 있을 것이다. 따라서 도시 미관을 개선하고 안산의 지명도를 높여 줄 개성이 뚜렷한 미술관 또는 박물관 건립을 기대해 본다. 이러한 미술관이나 박물관 건립은 도시의 랜드마크도 되고 문화도시로 자리 잡는 데에도 크게 일조하리라 생각한다.

구겐하임 미술관 이모저모

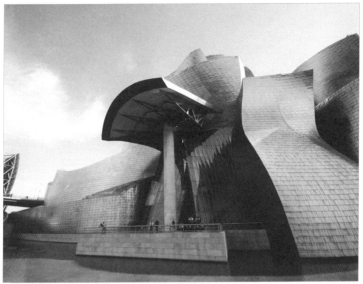

빌바오의 강
재생사업

바스크 지역의 빌바오 시는 네르비온 강변에 위치하며 인구는 35만 명이고 광역권 시민은 100만 명에 이른다. 25년간 25개 프로젝트를 실행함으로써 빌바오 시는 도시재생을 성공적으로 이뤄 낸 모범사례로 꼽힌다.

빌바오 시 도시재생 주무부서는 도시계획국으로, 1980년대 산업 구조 변화에 따른 도시재생과 1983년 대홍수로 파괴된 도심 재건을 추진하며 역사 보존, 네르비온 강 생태복원, 차별화된 문화도시라는 목표를 바탕으로 사업을 진행한다.

■ 강 재생사업으로 가능했던 도시재생

강을 재생하고자 6억 유로를 들여 하천 수질을 정화했으며, 강변에 밀집했던 공장과 항만시설을 철거, 용도변경, 이전함과 동시에 택지

개발을 통해 개발용지를 확보했다. 또한 강변에 문화 공간을 배치해 도시에서 강을 즐길 수 있도록 했다.

구도심에서는 대홍수로 파괴된 도심을 재건하고자 역사적 건물은 복원했고, 산업화 유산은 리모델링하거나 철거, 이전했으며, 새로운 문화시설을 신축, 확장했다. 그리고 철도 같은 도심의 분절 요소를 제거함으로써 도심 분위기를 쇄신했다.

구겐하임 미술관을 유치해 국제적 명성을 획득했고, 이어 음악박물관, 고고학박물관, 재생품박물관, 현대미술관, 콘퍼런스센터 등 지역문화시설도 대대적으로 정비해 산업도시에서 문화도시로 탈바꿈했다.

빌바오 시청

도심을 연결하는 대중교통 '트램'

　도심 보행자 공간 확대, 철도와 도로 지중화, 네르비온 강 다리 건설, 지하철과 트램 복원, 고지대 케이블카 설치 등 대중교통 체계를 정비함으로써 도시 공간을 균형 있게 연결했다.

　빌바오 재생사업을 추진하는 공사 리아 2000과 도시재생 개념과 전략을 수립하는 메트로폴리–30은 민간과 행정이 공동으로 운영하며 25년간 지속적으로 재생사업을 추진할 수 있도록 했다.

　네르비온 강 정화와 강변 공원 개발, 문화시설 설치, 교량 건설, 지하철 건설 등을 지속적으로 추진함으로써 시민이 활동할 수 있는 문화 공간이 대폭 확대되었고, 도시 관광산업의 성장과 함께 삶의 질이 높아져 도시인구가 늘어나기 시작했다.

▌정책 착안사항

빌바오 토지 개발과 매각을 통해 자원을 확보한 공사 리아 2000과 도시재생의 개념과 전략을 제시한 메트로폴리-30은 모두 민간과 행정이 공동 참여해 만든 조직이며, 성과를 합리적으로 관리해 협의체 붕괴 방지와 사업 지속성을 유지할 수 있었다. 리아 2000의 개발사업 성과는 참여한 개개인의 성과로 홍보하기보다 철저히 공사의 업적과 성과로 관리, 홍보했다. 반면 메트로폴리-30의 성과는 참여한 개개인에게 돌리면서 조직을 둘러싼 주도권 쟁탈이나 협상의 어려움을 극복했다.

구겐하임 미술관은 도시재생이 아니라 도시 문화산업을 증진하고자 유치한 것이다. 구겐하임 미술관은 빌바오를 세계에 널리 알리는 역할을 했고, 시민에게는 자긍심과 희망을 주었으며, 지역 문화인을 위한 다양한 문화시설을 확충하는 계기가 된 것은 분명하다. 그러나 도심을 가로지르는 네르비온 강이 살아나지 않았다면 도시 전체에서 재생 효과를 볼 수는 없었을 것이다.

네르비온 강을 친환경적으로 활용하겠다는 계획을 보면 관광지로서의 기능보다 시민이 산책과 운동, 문화 활동을 즐길 수 있는 삶의 공간으로 디자인했다는 점이 두드러진다. 또한 강 살리기는 바스크 지방의 정신 가치를 회복해 독창적인 도시 문화를 구축하려는 노력의 일환으로 보인다.

빌바오는 제조 중심의 산업도시로서 도시 성장 과정이나 어려운 시절을 겪었다는 점에서 안산시와 닮았다. 빌바오 시의 과감한 투자와 실행이 도시재생사업 성공의 한 요인이 되었으리라는 점을 되새길 필요가 있다.

빌바오의 싱크탱크,
메트로폴리-30

빌바오 메트로폴리-30(Bilbao Metropoli-30)은 1991년에 설립되었으며, 바스크 지역 140개 공기업, 시정부, 대학, 은행, 미술관, 금융, 기업 등이 참여한 도시재생 비전 연구소이다. 학자와 전문가 800여 명이 시민의 구체적인 삶의 질 향상을 바탕으로 한 미래 도시재생을 연구한다. 세계 경제구조의 재편과 스페인에 닥친 경제위기 속에서 빌바오의 도시재생 비전과 전략을 수립하는 것을 목적으로 한다. 도시재생의 방향을 문화도시로 정하고, 초창기 도시 기반시설 건설 전략을 주도했다. 도시 기반시설이 성공적으로 진행되던 시기부터 사회가치와 인간교육의 변화를 위해 다양한 프로젝트를 진행하고 있다. 2006년 미래 핵심가치로 혁신, 전문성, 정체성, 공동체, 개방성을 설정하고, 그 범주에 따라 다양한 파트너와 함께 지속적인 도시 가치 연구사업을 진행한다.

　재정은 140개 회원단체 회비로 모으며 주정부, 지방정부, 시정부 등 공공에서 50%, 민간에서 50%를 충당한다. 이렇게 모인 회비는 연간 100만 유로 규모이며, 상근직원 8명의 활동비와 조직운영비 등에 쓴다.

이 조직에서는 자체적으로 사업을 추진하지 않는다. 지역 합의를 통해 전략과 정책을 수립한 다음 각 전문 회원 단체가 사업을 추진하므로 정책이나 사업에 대한 공격, 내부 회원단체가 갈등이 적다. 또한 분야별로 지역 대부분의 전문 단체가 모여 이견을 조율하고 합의를 도출하므로 지속적으로 연구를 추진하고 전략을 수립할 수 있다.

이도아 포스티고(메트로폴리-30 사무차장)

Q 메트로폴리-30의 사업 진행방식은?

A 예를 들어 교통 관련 기획을 하면, 회원 가운데 교통 전문가가 모여 회의를 한다. 완벽한 기획안이 나올 때까지 회의하고 재조정하는 과정을 거친다. 기획이 끝나면 참여했던 모든 회원이 각자 영역에서 계획 실행자로 참여한다.

Q 동시에 여러 사업을 진행하기도 하는가?

A 현재도 이민자 프로그램, 전문가 양성 프로그램, 여성 및 고령자 지원 사업을 진행하고 있다.

Q 소속이 있는 산하기관인지, 자발적 민간조직인가?

A 메트로폴리-30은 어디에 소속된 조직이 아니다. 회원 가운데 지방정부 등에서 중요한 역할을 하는 사람들도 있으나 소속 개념은 아니다. 조직의 주인은 140개 회원 단체이며, 회비로 운영된다. 처음에는 지방정부, 주정부, 시정부가 기획했지만, 현재는 민관 회원으로만 운영된다. 정부 쪽에서 참석할 때도 전문집단 회원 자격으로 참석한다.

Q 문화도시를 지향했는데, 고용창출 측면에서 문화 동력에 대한 평가는?

A 현재 경제위기는 빌바오가 아닌 전 세계에서 비롯한 것이다. 사실 구겐하임 미술관 건립으로 도시재생 전략은 완성된 줄 알았다. 그러나 20년 뒤에도 구겐하임이 매력적일지를 따지니 새로운 가치가 필요해 보였다. 현재 도시의 새로운 동력을 위한 가치경영을 고민하고 있다.

Q 1990년대 사업은 장기 계획으로 세운 것이었다. 20년이 지난 현재 변화가 있는가?

A 메트로폴리-30의 처음 10년 전략은 도시 기반시설 구축이었다. 그 이후 가치관으로 개념이 바뀌었다. 즉 사람들 생각을 바꿔야 하는데 그러려면 시간이 필요하다. 현재 메트로폴리-30의 역할은 다했다고 보는 견해도 있지만, 물리적 사업이 아닌 정신적 사업이라는 더 어려운 영역이 남아 있다.

Q 정신적 사업이란 어떤 것인가?

A 예를 들어 이민자 지원 사업을 진행한다고 말했는데, 이에 관해 반루머운동이 있다. 이유 없이 이상한 소문이 돌아 특정 계층 사람들을 위축시키는 경우가 있다. 이 소문과 관련된 데이터를 비교해 근거가 없음을 홍보하는 일 등이다. 또한 전문가 양성 프로그램은 퇴직한 분들이 학생들에게 멘토 역할을 하도록 돕는 것이고, 여성의 창업지원, 리더십 교육 프로그램 등도 개발하고 있다. 이러한 정신적 사업은 도시 경쟁력 확보 차원에서 소프트 기반시설을 구축하는 것이다. 부의 창출과 사회평등을 중시하는 윤리관을 통해 도시공동체의 안정성을 확보할 수 있다.

▍정책 착안사항

각 지역에는 지자체와 산하단체, 다양한 민간단체가 있다. 이들은 나름의 이유로 도시재생 및 도시 사업 관계를 맺고 있다. 메트로폴리-30처럼 다양한 이해관계가 얽힌 시민단체가 정책 회의기구에서 논의하고 실행단계에서도 적극 참여할 길을 마련한다면 시민과 행정 간의 갈등을 줄이고 의미 있는 성과를 도출할 수 있으리라 본다. 이는 실패 확률이 높은 도시재생사업에서 민원을 줄이고, 시민의 지지를 받는 도시재생 정책을 세우는 데 밑받침이 될 것이다.

메트로폴리-30의 모델처럼 관도 회원으로서 회비를 내는 형식을 갖춘 다음, 해당 사업의 이해당사자와 행정의 영향이 미치는 준 공공기관과 학계에 협조를 요청해 재단법인 형태인 새로운 민관 거버넌스를 만들 수 있을 것이다. 이는 민간의 창조적 아이디어를 모아 안산시의 계획을 정책하는 데 지속적으로 도움이 되리라 본다.

제6장
·

도시재생이
가야 할 길

도시는 세계의 미래다. 도시가 계속 성장한다는 사실에는 의심할 여지가 없지만, 도시가 어떻게 성장할 것인가 하는 문제는 논쟁의 대상이 되고 있다(황 등, 2017). 우리가 원하든 원하지 않든 도시 시대에서 도시의 성공, 즉 지속가능성과 회복력 확보가 지구 미래를 담보하고, 도시 역량이 국가 경쟁력이 되며, 사람들의 행복과 불행도 도시에 달려 있기 때문이다. 정부나 공공 주도의 재개발로는 도시의 복잡다단한 이해관계와 특성을 다 수용할 수 없음을 앞서 본문에서 확인했다. 그러면 도시재생은 민간과 협의 또는 협력하며 진행할 수밖에 없다. 최근 정의와 유럽의 성공 사례를 보면 재생사업은 시민의 삶의 질 향상에 초점을 맞춰야 한다는 점을 알 수 있다.

■ 도시재생의 특성

도시재생이 대두하게 된 공통적인 배경은 도시 간 경쟁 심화, 산업구조 변화에 따른 정보화 사회 도래, 도시의 외연적 성장 한계, 환경에 대한 관심 증대, 인구 구조와 라이프 스타일 변화 등이다(이, 2009). 도시재생의 정의는 각 국가와 도시의 제반사항과 특성에 따라 차이를 보이지만, 공통적으로는 '도시문제 해결을 위해 종합적이고 통합적인 비전을 제시하고 실천해 가는 동시에, 변화하는 지역 여건에 맞게 공간·경제·환경·사회·문화 등 도시가 포함하는 모든 환경적 상황을 지속적으로 개선해가는 것'이라 할 수 있겠다(이, 2009).

도시재생이란 교외화(suburbanization)와 신시가지 위주의 도시 확장으로 상대적으로 침체되거나 쇠퇴하는 기존 도시에 새로운 활력과 기능을 도입해 재창조하는 것을 뜻한다. 영국과 일본에서는 도시재생을 사회, 교육, 복지, 문화 서비스 수준의 개선과 도시경제 회복을 통한 경쟁력 확보라는 측면에서 도시부흥 혹은 도시 르네상스(urban renaissance)라는 용어를 쓰기도 했다. 미국에서는 공동체 운동과 연계된 '중심 시가지 활성화사업'으로 구체화되고, 일본에서는 '마을 만들기 운동', 영국에서는 '근린지역 재생 운동(new deal for communities)' 같은 사업과 연계해 다양한 방식으로 추진된다. 산업 · 경제 · 사회 · 문화적 측면을 부흥한다는 포괄적 의미를 지닌다(원, 2012).

김 등(2016)에서는 도시재생의 세 가지 특징을 제시했다.[61] 첫째, 도시재생은 장소 특성을 바꾸기 위한 것이며, 지역사회와 이해당사자를 참여시키는 과정이다. 둘째, 도시재생은 지역의 특별한 문제와 잠재력에 따라 중앙정부의 주요 책무에 영향을 미치는 다수의 목표와 활동을 포함한다. 셋째, 도시재생은 대개 서로 다른 이해당사자가 함께 협력하는 일정 형식의 파트너십을 필요로 하나 그 형식은 다양할 수 있다. 특히 우리나라는 선진국형 저성장시대에 진입하면서 도시의 양적 팽창보다는 도시환경 질적 개선을 통한 생활 밀착형 도시정책이 필요하며, 동시에 지역 주민과의 협력과 역량 강화를 통해 함께 공동체를 만들어 가려면 주민 밀착형(현장형) 도시재생이 필수다(대한국토 · 도시계획학회, 2015).

---

61 이 제시는 Turak (2005)의 논문 「Urban regeneration: what can be done and what should be avoided?」에서 인용한 것임.

■ 지속가능한 어바니즘

도시 패러다임이 모더니즘에서 포스트모더니즘으로, 양적 추구에서 질적 추구로, 문제를 해결형에서 구조개편형으로, 생산기반 중시에서 생활환경 중시로 변화하면서 기존 도시를 '지속가능한 도시'로 재창조해야 하다는 논의가 제안되었다(이, 2009). 이는 유엔이 2030년까지 달성하기를 권고하는 지속가능한 발전 목표(Sustainable Development Goals, SDGs)와 일맥상통하고 그 목표 가운데에는 지속가능한 도시와 마을이 포함되었다. 수원시, 전주시, 서울 노원구와 성북구, 광주 광산구 등 국내 많은 도시가 지속가능한 도시가 되고자 여러 시도와 투자를 하며, 안산시는 전국 최초로 지속가능한 발전 목표에 맞춰 도시를 발전시키자는 지속가능 보고서를 만들었다.

지속가능한 어바니즘(sustainable urbanism)[62]의 가장 기본 원리는 보행이 가능하며 편리한 대중교통 체계와 고성능 기반시설로 통합된 도시환경 구현이다. 집약성과 생명애가 지속가능한 어바니즘의 핵심 가치이다(오 등, 2013). 또 지속가능한 어바니즘은 사람들을 자연에 연결하고자 한다. 심지어 밀도가 높은 도심환경에서도 말이다. 보행로에 자연경관이 있으면 3배 정도 더 걷고 싶은 마음이 생긴다. 숲이 우거지면 외부 여름온도는 2.8~5도까지 낮아지므로 일상적인 실외활동을 돕는다. 그리고 주변의 부동산 가치도 3~6% 오

---

62 도시 운영과 행정, 디자인과 계획에 지속가능성(sustainability)과 회복력(resilient)을 적용하는 것으로 정의함(https://em.m.wikipedia.org.).

른다[63] (오 등, 2013).

안산시의 초기 도시계획은 다른 세계적인 도시(뉴욕, 바르셀로나, 타이페이, 도쿄)에서도 볼 수 있는 격자형 도로망으로 설계되었다. 한국 최초 계획도시로서 주거지구와 상업지구가 철저히 분리된 용도지역제를 적용했다. 풍부한 녹지공간이 있고, 산업단지가 분리된 효율적인 격자 형태 도시로 성장하도록 한 점 등 다양한 장점이 있는데도 다음과 같은 문제점이 제기된다. 파편화된 도심부, 수준 낮은 보행환경과 자동차 중심의 도시 형태, 도심 녹지의 기능과 휴양가치 부족, 도로와 철도 등으로 분리된 도심, 사람중심의 도시개발 부족 등이다(송과 이, 2017). 이러한 도시 문제는 비단 계획도시인 안산시에서뿐만 아니라 국내 모든 도시가 겪는 것이다. 파편화된 도심은 도시계획의 부재에서 온 현상이고, 보행환경의 절대 부족은 자동차 중심 정책이 가져온 온갖 폐단이다(주차장과 대중교통 문제의 악순환으로 엄청난 세금이 낭비되는 것이 현실이다). 지구환경 변화에 따른 기온 상승과 미세먼지 증가는 탄소 배출, 교통, 적절한 녹지 관리의 중요성을 깨닫게 한다.

■ 사람중심 도시재생

결국 도시재생은 도시에 사는 시민을 행복하게 해 주는 작업이다.

---

63 이 문장을 참고한 문헌의 원문에서는 '도시 숲의 가치: 도시에서 나무가 제공하는 경제적 이점 (Urban Forest Value: Economic Benefits of Trees in Cities)' 등 다른 저자들의 연구 내용들이 인용되었음.

즉 살고 싶게 하는 일이다. 시민이 도시에 애착을 가지면 도시에서 일어나는 일에 관심 가질 것이고 그렇다면 그 도시에 소속감을 느끼게 된다. 그렇다면 어떻게 애착을 가지게 할 것인가? 시정이 투명하고 공정해서 도시에 대한 신뢰감을 심어 주는 것은 당연한 것이고, 물질이나 돈보다는 사람, 공동체와 생명의 가치를 중시하는 정책으로 나가야 한다. 더불어 도시에 ① 다양한 시설이 입지해 높은 선택성을 보여 주면서 '여흥'을 누릴 수 있고, ② 생활문화를 비롯한 다양한 '신변문화'가 있어서 지적 활동이나 생활에 감동과 즐거움을 주며, ③ 이용자 측면에서 재미와 변화가 풍부하고 또한 친근함이 살아 있는 '특색 있는 도시 공간'이 있으면 시민은 자신들이 거주하는 지역에 '애착'과 '자부심' 혹은 '자신감'을 가지게 되어 그 도시를 '우리 고장', '고향'이라고 생각하는 동기가 된다(김과 김, 2009). 도시재생은 사람들이 현재 사는 도시를 '내가 사는 고장은 고향 같다'라고 말할 수 있도록 하는 정책이고 일이다.

▌정책 착안사항

▌사람이 중심인 도시재생 정책

시민이 참여하는 도시재생 정책의 도입이 필요하다. 도시재생에서는 시각적인 것과 공공성을 확보하는 것이 가장 중요하다. 공공성의 핵심은 보행권을 어떻게 확보할 것인가이다. 재생지역에 대한 공공의 기반시설 선투자 등으로 민간 투자 유치를 위한 기반을 마련하고, 도시재생 선도 사업을 실시해 재생에 대한 주민의 관심과 참여를 이끌며, 나아가 주민 스스로 재생사업을 진행할 수 있는 환경을 단계적으로 조성해야 한다.

▌시민과 소통하며 기본계획 마련

끊임없는 변화에 유연하게 적용되는 계획을 마련해야 한다. 다양한 이해당사자와 지속적으로 대화하며 개발계획을 설득하고, 사업이 완료되었을 때 지역에 미치는 영향에 대해서도 예측하는 자세가 필요하다.

원칙 수립 및 투명한 협상 과정 이행의 사례로 킹스 크로스 역 재생사업처럼 대규모 사업을 진행할 때는 사업 초기 단계에서부터 여러 주체가 참여해 장기적 비전과 원칙을 정할 필요가 있다. 이 경우 사업 진행 과정에서 일어날 수 있는 다양한 갈등과 문제를 상호 합의한 원칙에 따라 해결할 수 있다.

▌지역 정체성에 기반한 도시재생

장소의 다양한 맥락을 이해하려면 지역의 다양한 쇠퇴 양상과 원인을 파악해 장소 중심으로 통합적인 처방을 하고, 지역 정체성이 있는 문화·산업 유산 등 지역 자산 보존 방안을 마련해 미래를 바라보면서 계획을 수립해야 한다.

선명한 디자인 요소를 도입하려면 쇠퇴지역의 활력과 매력을 되찾아 자발적이고 지속적인 커뮤니티 발전을 도모하려는 디자인이 필요하다. 도시의 역사와 문화를 현대적인 요소와 결합하려면 신·구가 조화되는 경관계획을 수립하고, 유명 작품을 설치하거나 건축물을 건립하는 등 공간에 대한 이미지 강화가 필요하다.

이해당사자(중앙정부와 지방정부, 전문가, 시민 등) 거버넌스를 구축하고 나서 지역 정체성이 담보된 도시재생 방안을 거버넌스를 통해 검토하고 결정한다.

▌ 공동체 기반 강화를 위한 자산화 전략 검토

공실건물을 공공이 구입, 임대를 검토해 도시재생 시 발생할 수 있는 급격한 상가 임대료 상승에 따른 어려움을 줄일 수 있는 방안으로 활용한다.

사회적경제 주체인 사회적기업, 협동조합 등이 필요로 하는 지자체 소유 토지나 건물을 그 기업의 사회적 가치와 공동체성 등을 고려해 무상 또는 저리로 임대하는 방식을 검토한다.

▌ 예방 차원의 젠트리피케이션 접근

도시재생 초기 단계부터 젠트리피케이션을 고려한 계획을 마련해야 한다. 젠트리피케이션의 부정적 측면인 지나친 상업화와 급격한 임대료 상승, 원주민 이주 등에 대응해야 하지만, 긍정적 측면인 지역 활성화도 중요하므로 두 측면을 고려한 계획 수립이 필요하다.

장기적으로 젠트리피케이션을 완화하는 방향으로 접근해야 한다. 도시재생의 목표는 정주성 회복, 다양성 공존, 공정성 확보, 정체성 보존 등이므로 지역사회가 중심이 되어야 하지만 행정에서 공동체 도움을 받아 앞장서서 완화 방안을 강구해야 한다.

참고문헌

- 국정기획자문위원회, 2017. 문재인정부 국정운영 5개년 계획. 193pp.
- 김기수·김영훈(역), 2009. 도시재생의 도시디자인, 프로세스와 실현수법(원저: 加藤源, 都市再生の都市デザイ―プロセスと實現手法). 기문당, 332pp.
- 김명준·정해준·이태희(역), 2016. 영국의 도시재생(원저: Andrew Dalton, Urban Regeneration in the UK). 국토연구원, 541pp.
- 대한국토·도시계획학회, 2015. 도시재생. 보성각, 459pp.
- 민유기(역), 2009. 도시와 인간, 중세부터 현대까지 서양도시문화사(원저: Mark Girouard, Cities and People: A Social and Architectural History). 책과함께, 687pp.
- 송창식·이하늘, 2017. 안산시 도시재생 전략연구. 안산산업경제혁신센터, 114pp.
- 오다니엘·박지영·유다은·이강수·이상윤·정재희·한광야(역), 2013. 지속가능한 도시만들기, 사람과 환경을 위한 도시설계(원저: Douglas Farr, Sustainable Urbanism: Urban Design with Nature). 한국환경건축연구원, 382pp.
- 원제무, 2012. 탈근대 도시재생. 도서출판 조경, 304pp.
- 이시철(역), 2017. 그린 어바니즘, 유럽의 도시에서 배운다(원저: Timothy Beatley, Green Urbanism: Learning from European cities). 아카넷, 741pp.
- 이정형, 2008. 도시재생과 경관만들기, 일본의 13도시 재생 프로젝트. 발언, 273pp.
- 이주형, 2009. 21세기 도시재생의 패러다임. 보성각, 415pp.
- 정용식, 2017. 도시재생사업계획과 실무, 도시정비 패러다임 변화에 따른 도시재생 이론과 실무지침서. 건설경제, 463pp.
- 최경우(역), 2017. 도시재생의 맥락, 로테르담에서의 도시정비 30년사(원저: Paul Stouten, Changing contexts in urban regeneration: 30 years of modernisation in Rotterdam). 국토연구원, 369pp.
- 황의방·김종철·이종욱(역), 2017. WWI 2016 지구환경보고서: 도시는 지속 가능할 수 있을까?(원저: Worldwatch Institute, State of the World: Can a City Sustainable?). 환경재단, 726pp.